Katharina Adams

Kraut & Kohl für den Hausgarten

Inhalt

Vorwort

Weiß- und Rotkraut, Kohl, Karfiol, Kohlsprossen oder Brokkoli: Aus der traditionellen Küche sind Kraut und Kohl nicht wegzudenken. Sie bereichern als typisches Herbst- und Wintergemüse unseren Speiseplan. Vitaminreich, kalorienarm, mit Spurenelementen und sekundären Pflanzenstoffen ausgestattet sind diese Gemüsearten beliebte Küchenbegleiter.

Am besten schmeckt es natürlich aus dem eigenen Garten! Ein Gemüsegarten – ob in Beetform oder als „Topfgarten" auf Terrasse und Balkon – bietet die Möglichkeit, sich mit frischen Pflanzenköstlichkeiten selbst zu versorgen. Kraut und Kohl sind mit ihrer langen Anbauzeit dabei die „Ausdauernden" im Beet. Ausgefallene und alte Sorten sind auf Märkten noch schwer zu finden – diese baut der Liebhaber am besten selber an. Auch für den Ziergarten hat diese Pflanzenart einiges zu bieten: Dekorative Zierformen finden mittlerweile immer öfter in Töpfen und Kübeln Platz.

Schon seit über 12 Jahren begleitet die Aktion „Natur im Garten" Gartenliebhaberinnen und Gartenliebhaber durch die vielfältige Welt des naturnahen Gärtnerns. Dem Nutzgarten fällt dabei mit der Pflege und dem Anbau von Gemüse, Obst und Kräutern eine besonders schmackhafte Rolle zu. Die Kreislaufbewirtschaftung mit eigenem Kompost und dem Verzicht auf Pestizide ermöglicht dabei das Ernten von gesunden und nachhaltig produzierten Nahrungsmitteln. Lassen auch Sie es sich im Garten schmecken!

Landeshauptmann Dr. Erwin Pröll

Landeshauptmann Stv. Mag. Wolfgang Sobotka

Blatt für Blatt – vielfältiger Kohl

Im Gegensatz zu vielen anderen kultivierten Nutzpflanzen stammt der Kohl aus Europa. Einige Wildformen wachsen auch heute am natürlichen Standort im Mittelmeerraum und an der Atlantikküste. Kohl blickt auf eine lange Geschichte zurück und wird nachweislich schon im 3. Jahrhundert v. Chr. erwähnt. Die ältesten Nutzungsformen waren Blätterkohle. Die uns besser bekannten Kopfkohle werden erstmals im Hochmittelalter beschrieben. Mitunter bezeichnet man den Kohl auch als das älteste Gemüse der Welt.

(Foto: pixelio.de/Dr. K.-U. Gerhardt)

Geschichte und Botanik

(Foto: K. Adams)

Geschmacklich kommen die Wildformen des Kohls bei Weitem nicht an die aus ihnen entstandenen Arten und Unterarten und an die zahlreichen gezüchteten Sorten heran. Jedoch spielten sie früher eine Rolle als Viehfutter, und in Notzeiten haben auch die Menschen von den derben Blättern gegessen. Im Lauf der Jahrhunderte sind aus dem ursprünglichen *Brassica oleracea* ganz unterschiedliche Formen mit sehr individuellen Eigenschaften entstanden.

Historisches

Die heute bekannten Kohlvarianten gehen im Wesentlichen auf eine Wildart zurück, die an den Küsten von Mittelmeer und Nordatlantik wächst. Dieser Wildkohl mit botanischem Namen *Brassica oleracea* kommt in Deutschland nur auf Helgoland vor. Die bereits vor mehr als 5 000 Jahren hervorgegangenen ganz frühen Formen sind am ehesten mit dem heutigen Grünkohl zu vergleichen, der ja gerade im Norden immer noch eine herausragende Rolle spielt. Kopfkohl wurde in Mitteleuropa erst ab etwa 750 n. Chr. bekannt, zur Unterscheidung von Weiß- und Rotkohl kam es erst im Hochmittelalter ab Beginn des 13. Jahrhunderts.

Im Mittelmeerraum bereicherten Blätterkohle bereits in der Antike bei Griechen und Römern den Speiseplan. In ihren Gärten bauten sie schon die ersten gezüchteten Sorten an, die vor allem zu Suppen und Eintöpfen verarbeitet wurden. In den Werken von Dichtern wie Plato und Aristoteles wurde Kohl bereits als gesundes und nahrhaftes Gemüse erwähnt.

Sehr schnell wurden der Kohl und die verwandte Kohlrübe zum Hauptbestandteil der Ernährung einer wachsenden Landbevölkerung. Kaiser Karl legte in seiner Landgüterverordnung um 800 fest, dass unter anderem diese beiden Gemüsearten auf allen seinen Gütern angepflanzt werden sollten.

Da die Gattung *Brassica* in hohem Maße zu spontanen Mutationen neigt, waren schon früh unterschiedliche Wuchs- und Geschmacksvarianten bekannt. Durch gezielte Auslesen besonders schmackhafter Formen entstanden nach und nach die unterschiedlichen Unterarten von *Brassica oleracea* mit glatten und gekrausten, grünen und roten Blättern, runden und spitzen Köpfen und verschiedensten Stängel- und Knospenmutationen.

Blumenkohl und Brokkoli kamen gegen 1600 aus dem Mittelmeerraum nach Mitteleuropa und etablierten sich rasch als edles und schmackhaftes Gemüse. Noch jünger in der langen Ahnenreihe ist der Rosenkohl, auch als Brüsseler Kohl bekannt. Durch Mutationen in den Blattachseln entstand er erst im 19. Jahrhundert in der Brüsseler Region Belgiens.

Kohl und seine Verwandtschaft in aller Welt

Im asiatischen Kulturkreis spielt Kohl ebenfalls eine wichtige Rolle. Aus dem Mittelmeerraum fand er seinen Weg schon früh über Kleinasien nach Zentralasien. Neben dem klassischen *Brassica oleracea* entwickelte sich hier speziell die Speiserübe *(Brassica rapa)* zu einem wichtigen Blattgemüse weiter. Sowohl der Chinakohl als auch der Stängel-Brokkoli sind typische Vertreter der asiatischen Küche und als Mutationen der Speiserübe entstanden, wobei sich die unterirdische Rübe zugunsten einer erhöhten Blattmasse zurückgebildet hat. Übrigens gehören auch der besonders im Rheinland bekannte Rübstiel und der italienische Cima di Rapa in diese Gruppe. Rübstiel wird auch als Stielmus bezeichnet und ist eigentlich ein Frühjahrsgemüse mit fein säuerlichem Geschmack. Die Speiserübe selbst gehört heutzutage in den Unterarten Mairübchen und Teltower Rübe zu den Spezialitäten der regionalen Küche.

Die Kohl- oder Steckrübe *(Brassica napus* subsp. *rapifera)*, eine Unterart des Rapses, spielte bis nach dem Zweiten Weltkrieg eine wichtige Rolle für die Ernährung. Allerdings hatten viele Menschen nach mehreren Hungerwintern, in denen nicht viel anderes als Steckrübeneintopf auf dem Speiseplan stand, im wahrsten Sinn „die Nase voll" von diesem Gemüse. Die Kohlrübe geriet in Vergessenheit und wurde erst in den letzten Jahren wiederentdeckt. Mit neuen, fantasievollen Rezepten versuchen sogar Spitzenköche, das Image der ungeliebten Feldfrucht aufzupolieren.

Kohl darf in keinem Nutzgarten fehlen.
(Foto: pixelio.de/kladu)

Collards

Auch auf dem nordamerikanischen Kontinent spielen die verschiedenen Kohlvarianten eine wichtige Rolle in der Landwirtschaft. Eine Besonderheit stellen die sogenannten Collards oder Collard Greens dar, die botanisch als Übergangsformen von Blattkohl zu Kopfkohl zu sehen sind. Sie werden nicht als ganze Köpfe geerntet, sondern blattweise über die ganze Saison.
Vor allem an der Ostküste bis hinunter nach Georgia werden Collards angebaut und hauptsächlich in Eintöpfen verwendet.

Botanisches

Botanisch zählt der Kohl zur großen Familie der Kreuzblütler *(Brassicaceae)*, was man an den typischen Blüten mit ihren vier kreuzförmig angeordneten Blütenblättern erkennt. Normalerweise bekommt man die Blüten der meisten Arten in der Kultur aber nicht zu sehen, denn sie sind zweijährig und werden vor der Blüte geerntet. Im ersten Jahr werden lediglich Spross und Blätter ausgebildet; der an Rauke, Senf oder Raps, alle ebenfalls Kreuzblütler, erinnernde Blütenstand erscheint erst im zweiten Jahr.

Zu den Ausnahmen gehören Blumenkohl und Brokkoli, die bereits im ersten Jahr blühen. Bei ihnen werden nicht die Blätter verzehrt, sondern die noch geschlossenen Blütenknospen mitsamt den Blütenstängeln. Auch der Stängelkohl blüht bereits im ersten Jahr, wird aber vor dem Erblühen geerntet.

Die Gattung *Brassica* hat neben dem Kohl *(Brassica oleracea)* auch weitere Vertreter hervorgebracht, die eine wichtige Rolle für die Ernährung von Mensch und Tier spielen. Dazu gehören zum Beispiel auch Speiserüben und Chinakohl *(Brassica rapa)*, Senfkohl *(Brassica juncea)* und Raps *(Brassica napus)*.

Bei Brokkoli essen wir die Blütenknospen, nicht die Blätter. (Foto: pixelio.de/Joujou)

Die Entwicklung des Kohls

Brassica oleracea ist die Stammform, aus dem verschiedene Varietäten hervorgegangen sind:

Grünkohl oder Federkohl *(Brassica oleracea* var. *sabellica)*, bei dem sich zugunsten eines kräftigen Haupttriebes die Seitentriebe zurückgebildet haben.

Palmkohl *(Brassica oleracea* var. *palmifolia)*, der dem Grünkohl sehr ähnlich ist, aber glattere und dunklere Blätter aufweist.

Aus diesen Varianten haben sich dann weitere Formen entwickelt:

Kopfkohl *(Brassica oleracea* var. *capitata)*, bei dem man zwischen Weißkraut *(f. alba)* und Rotkraut *(f. rubra)* unterscheidet.

Raps entwickelt die typischen Blüten der Kreuzblütler. (Foto: fotolia.de/T. Schier)

Wirsing ❧ oder österreichisch einfach Kohl *(Brassica oleracea* var. *sabauda)* mit den kraus gewellten Blättern.

Alle Blütenkohle ❧, vom Blumenkohl oder Karfiol *(Brassica oleracea* var. *botrytis)* über den Brokkoli *(Brassica oleracea* var. *italica)* bis hin zum Chinesischen Kohl *(Brassica oleracea* var. *albalonga)*, der dem Brokkoli sehr ähnlich ist.

Kohlrabi ❧ *(Brassica oleracea* var. *gongylodes)* mit knollig verdicktem Stängel.

Markstammkohl ❧ *(Brassica oleracea* var. *medullosa)*, ebenfalls mit knollig verdicktem Stängel, der mannshoch werden kann und eher als Viehfutter angebaut wird.

Rosenkohl ❧ *(Brassica oleracea* var. *gemmifera)*, bei dem sich in den Blattachseln kleine Köpfe bilden.

Grünkohl wird durch Frosteinwirkung schmackhaft. (Foto: pixelio.de/K. H. Liebisch)

Gesundheit und Geschmack

Dass Kohl gesund und kalorienarm ist und einen wesentlichen Beitrag zur Versorgung mit Vitaminen und Mineralstoffen leisten kann, war schon früh bekannt. Besonders reichlich vorhanden sind Kalium, Kalzium, Eisen, Mangan, Magnesium, Phosphor und auch Jod und Folsäure, außerdem die Vitamine der B-Gruppe einschließlich Betacarotin, Vitamin K und Vitamin C.

Dabei enthält Kohl mehr Vitamin C als beispielsweise Paprika. Interessanterweise wird Vitamin C beim Erhitzen von Kohl nicht abgebaut, sondern nimmt im Gegenteil durch Kochen noch zu. Die reichlich besonders in Weißkohl, Rotkohl und Wirsing enthaltene Vorstufe des Vitamin C, das Ascorbigen, wird beim Erhitzen in Vitamin C umgewandelt.

Weißkraut eignet sich hervorragend zur Verarbeitung zu Sauerkraut. Durch Milchsäuregärung lässt sich das Kraut sehr einfach lange haltbar machen. Der Vitamin-C-Gehalt bleibt dabei erhalten, was diese Art der Konservierung so wertvoll macht. Schon Kolumbus soll auf seinen Segelschiffen Vorräte an Sauerkraut mitgenommen haben, um die Versorgung der Mannschaft mit dem lebenswichtigen Vitamin zu gewährleisten.

Senföle

Den typischen Geschmack verdankt der Kohl den Senfölen und Schwefelverbindungen, die bei vielen Arten auch deutlich herauszuschmecken sind. Die im Kohl enthaltenen Senföle wirken keimtötend und schützen vor Infektionen. Auch das Immunsystem wird durch die zahlreichen Biostoffe gestärkt, die auch die Aktivität von Enzymen anregen und so einen wirksamen Schutz vor Erkältungskrankheiten bieten.

Wohltuende Kälte

Für einige Blattkohlsorten wie Grünkohl ist Kälte wichtig, denn dadurch wird der enthaltene Stärkegehalt in Zucker umgewandelt, wodurch sie ihren typischen würzigen Geschmack entwickeln können. Frost, also Temperaturen unter 0 °C, ist im Gegensatz zur landläufigen Meinung nicht unbedingt nötig. Doch auch Rosenkohl schmeckt am besten, wenn er möglichst spät geerntet wird und schon einige tiefe Temperaturen mitbekommen hat. Leichter Frost beeinträchtigt Geschmack und Struktur nicht.

Viele Namen

Kohl und Kraut sind in ganz Europa verbreitet, die Bezeichnungen der einzelnen Kohlarten sind dabei allerdings teilweise recht unterschiedlich.
In Österreich werden mitunter andere Begriffe verwendet als in Deutschland, aber es gibt auch regionale sprachliche Besonderheiten.
Gerade Kohlarten, die regional eine besondere Rolle spielen, haben im Laufe der Jahrhunderte zahlreiche Namen mit lokalen Bezügen erhalten. Ob es sich um die lippische oder die ostfriesische Palme handelt, immer verbirgt sich dahinter der Grünkohl in regionaltypischen, dort durch Auslese entstandenen Sorten. Und rund um Stuttgart ist das Filderkraut zum Synonym für den Spitzkohl geworden, der dort auf den Fildern, einer fruchtbaren Hochebene, angebaut wird.
In der folgenden Tabelle, die keinen Anspruch auf Vollständigkeit erhebt, finden Sie eine Übersicht über die verschiedenen Namen der wichtigsten Kohlgemüse:

Wildkohl *(Brassica oleracea)* am Naturstandort (Foto: Wikimedia.de/Kurt)

Lokale und regionale Bezeichnungen verschiedener Kohlarten

Österreich	Deutschland	Regionale Bezeichnungen	Regionale Bezeichnungen	Schweiz
Weißkraut/Kraut	Weißkohl	Weißkraut (Süddt.)	Kappes (Rheinland)	Kabis
Rotkraut	Rotkohl	Rotkraut (Süddt.)	Blaukraut (Bayern)	Blaukabis
Frühkraut	Spitzkohl	Filderkraut (Baden-Württemberg)		
Kohl	Wirsing	Savoyer Kohl	Welschkohl	Wirz
Karfiol	Blumenkohl			
Kohlsprossen	Rosenkohl	Brüsseler Kohl		
Brokkoli	Brokkoli	Sprossenkohl		
Grünkohl	Grünkohl	Braunkohl	Federkohl	

Kohlstammbaum

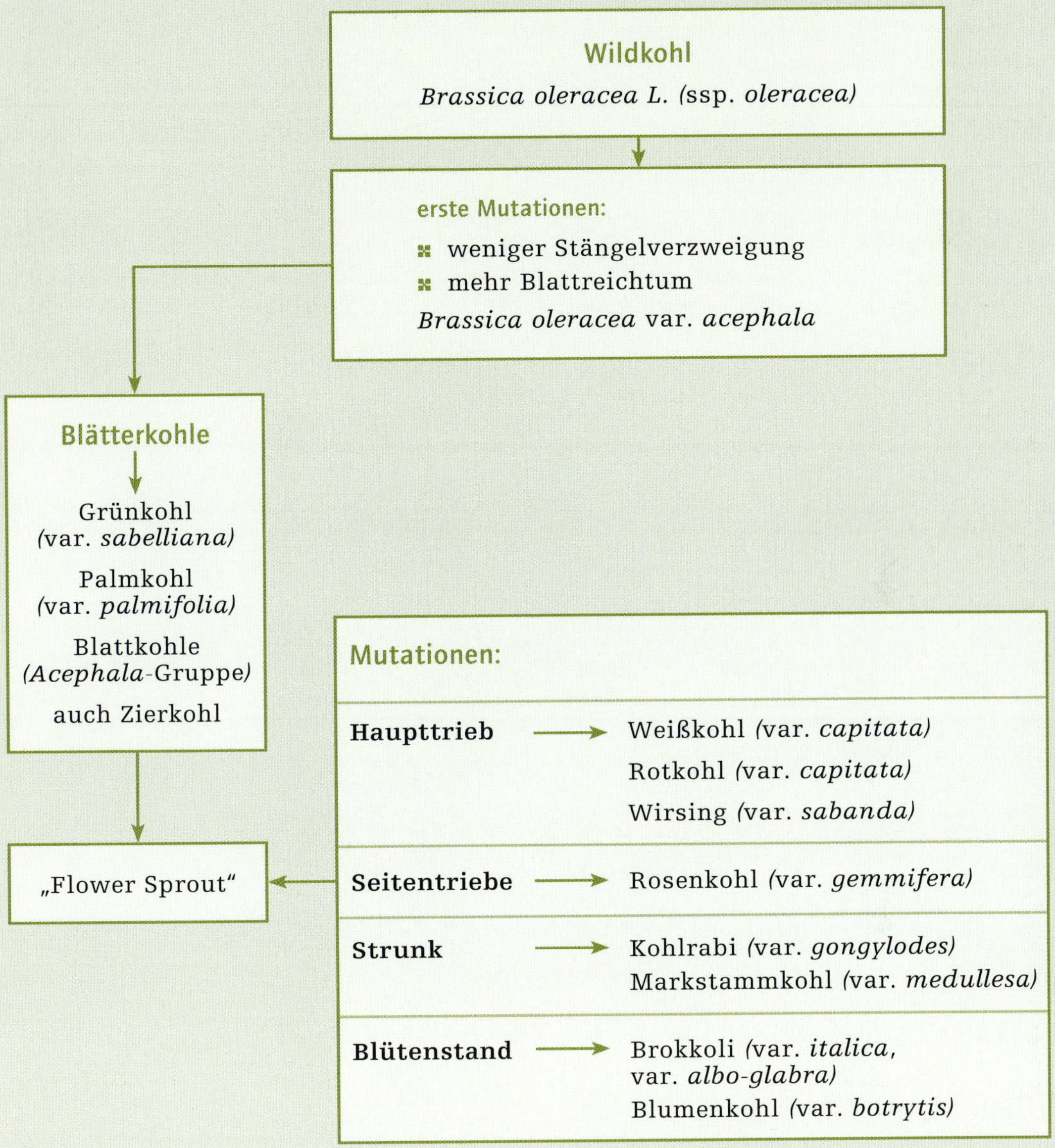

Aussaat und Anbau

Vom Samenkorn bis zum erntereifen Kohlkopf ist es ein langer Weg. Für eine gute Entwicklung benötigt der Kohl Wasser, Wärme und Dünger, und von allem auch nicht eben wenig. Auf den folgenden Seiten erfahren Sie alles Wichtige für einen erfolgreichen Kohlanbau im Hausgarten.

(Foto: pixelio.de/ M. Brunner)

Ab in die Erde!

(Foto: Romberg & Sohn GmbH & Co. KG)

Je nach Aussaatzeitpunkt wird Kohl unter Glas oder direkt ins Beet gesät. Für eine frühe Ernte bereits im Sommer muss wegen der langen Entwicklungszeit bereits ab dem späten Winter mit der Aussaat begonnen werden. Wegen der niedrigen Temperaturen um diese Zeit kommt dafür nur ein geheiztes Gewächshaus oder eine helle Fensterbank im Haus infrage. Ab Ende März können Sie auch im Frühbeet oder im ungeheizten Gewächshaus aussäen, und Mitte bis Ende April ist es schon warm genug, um die robusten Arten direkt ins Beet zu säen.

Aussaat auf der Fensterbank

Für die Aussaat auf der Fensterbank bieten sich die verschiedensten Anzuchtgefäße an. Wenn Sie nur eine kleinere Anzahl an Pflanzen heranziehen wollen, können Sie durchaus auf haushaltsübliche Behälter wie Joghurtbecher oder Champignonkistchen aus Kunststoff zurückgreifen. Kohlsamen sind mit einem Durchmesser um 0,3–0,8 mm recht fein und werden am besten in Reihen in Kisten ausgesät. Im Handel werden spezielle Kisten aus Styropor angeboten, die mehrmals wiederverwendet werden können. Die üblichen Maße sind 20 × 30 cm oder auch 15 × 20 cm. Bei den Styroporkisten sind Wände und Boden gut wärmedämmend, sodass die Sämlinge ohne größeren Wärmeverlust auch auf einer kalten Granitfensterbank stehen können. Bei dünnwandigen Anzuchtbehältern kann man eine wärmedämmende Schicht unterlegen, zum Beispiel dicke Pappe oder eine Styroporplatte. Styroporkisten sind leider etwas bruchempfindlich und sollten immer vorsichtig behandelt werden. Sie können alle Anzuchtgefäße mehrmals wiederverwenden, wenn Sie sie vor erneutem Gebrauch gründlich säubern, um eventuelle Krankheitskeime abzutöten.

TIPP **Die Unterteile von Eierkartons oder auch die größeren Eierpaletten eignen sich vorzüglich als Aussaatgefäße. Wenn die Sämlinge zu groß sind, schneiden Sie die einzelnen Elemente auseinander, entfernen die Böden und setzen sie mitsamt den Pflanzen in größere Töpfe. Eierkartons sind eine preiswerte Alternative zu Multitopfpaletten. Seit einiger Zeit ist übrigens der sogenannte „PaperPotter“ auf dem Markt, mit dem Sie ganz einfach Anzuchttöpfe aus Zeitungspapier herstellen können.**

Mini-Gewächshäuser

Eine gleichmäßige Feuchtigkeit trägt wesentlich zur guten Entwicklung der empfindlichen Keimlinge bei. Werden die Anzuchtgefäße abgedeckt, verdunstet weniger Feuchtigkeit. Die Gefahr, dass die Erde zu stark austrocknet, wird dadurch verhindert. Außerdem müssen Sie weniger gießen. Im Fachhandel sind verschiedene Treibkistchen mit durchsichtiger Abdeckhaube erhältlich, die auch auf der Fensterbank Platz finden. Sie können die Kistchen entweder direkt mit Erde füllen oder auch mit einzelnen Töpfchen oder Multitopfpaletten bestücken.

Alternativ bieten sich auch Abdeckungen Marke Eigenbau aus Folie an. Dafür stülpen Sie einfach durchsichtige Plastiktüten über die Anzuchtgefäße, eventuell stecken Sie noch kleine Stäbchen (zum Beispiel Grillspieße aus Holz) in die Erde, um die Tüte auf Abstand zu den Keimlingen zu halten. Wichtig ist aber, dass Sie die Abdeckungen nach erfolgter Keimung regelmäßig anheben, um die Pflanzen zu belüften und um sie allmählich abzuhärten.

Anzuchtgefäße

Neben den klassischen Töpfen und Kistchen sind zahlreiche Plattensysteme auf dem Markt, die die Arbeit sehr erleichtern. Besonders das mehrmalige Pikieren fällt dabei weg; die Sämlinge werden nur noch einmal pikiert und kommen dann an ihren endgültigen Standort.

Anzuchtplatten sind miteinander verbundene kleine Töpfchen. Jede Pflanze kann dabei ihren eigenen Wurzelballen ausbilden. Das Wurzelwerk wird also beim Verpflanzen nicht mehr auseinandergerissen, wodurch der Umpflanzschock erheblich gemildert wird. Auch die Gefahr, dass sich Pilzerkrankungen von einer Pflanze auf die anderen übertragen, wird erheblich geringer. Befallene Pflanzen können Sie entfernen, ohne die anderen in ihrem Wachstum zu stören. Die meisten Anzuchtplatten sind aus viereckigen Töpfchen zusammengesetzt, es gibt aber auch zapfen- und kegelförmige. Den kleinen Pflänzchen steht in den Anzuchtplatten nur wenig Erde zur Verfügung. Sie müssen deshalb regelmäßig mit Wasser und etwas Nährstoffen, etwa durch biologischen Flüssigdünger, versorgt werden. Durchgetrocknete Ballen bedeuten in der Regel den Tod für die Setzlinge!

Sogar ausgediente Eiswürfelbehälter können zur Anzucht verwendet werden. (Foto: fotolia.de/Kanusommer)

Einwegtöpfe werden mitsamt den Pflanzen am endgültigen Standort ausgepflanzt; sie können also nicht wiederverwendet werden. Sehr gebräuchlich sind die Kokos-Quelltöpfe, die einzeln oder in zusammenhängenden Platten angeboten werden.

PaperPots sind eine umweltbewusste Alternative. Sie werden aus Zeitungspapier hergestellt. Verschiedene Hersteller bieten außerdem PaperPotter an, mit denen sich die kleinen Papieranzuchttöpfe leicht formen lassen. Die Pflanzen werden mitsamt den Töpfen eingepflanzt.

Aussaaterden

Eine entscheidende Rolle für einen guten Aufgang spielt die richtige Aussaaterde. Im Gegensatz zu den normalen Pflanzsubstraten ist Aussaaterde immer ungedüngt, da die Sämlinge zunächst kaum Nährstoffe benötigen. Zudem muss Aussaaterde keimfrei sein, denn die Sämlinge sind sehr anfällig für Schadorganismen jeglicher Art. Am besten verwenden Sie die im Handel erhältlichen fertig gemischten Aussaaterden. Verwenden Sie nur torffreie Erden. Achten Sie beim Kauf aber immer auf Qualitätserde, die regelmäßig von unabhängigen Institutionen überwacht wird (Hinweise auf der Verpackung).

Aussaaterde selbst gemischt

Erde von Maulwurfshügeln eignet sich sehr gut als Basis für Aussaaterde, denn sie ist sehr locker. Mischen Sie dazu 1 Teil Maulwurfserde, 1 Teil gewaschenen Sand und 1 Teil gesiebte Komposterde.

TIPP **Zum Sterilisieren füllt man die Erde in hitzefeste Behälter (Sie können auch Bratfolie verwenden) und erhitzt sie im Backofen eine halbe Stunde auf 70–80 °C.**

Sie können für die Aussaat auch selbst erzeugte Komposterde verwenden, die Sie jedoch mit etwas Sand mischen sollten. Wichtig ist in jedem Fall, dass Sie die Erde vor der Verwendung sterilisieren, um die immer vorhandenen Mikroorganismen abzutöten, die sonst zu Pilz- und Vireninfektionen der Sämlinge führen können.

PaperPots – schnell, einfach, umweltbewusst, und sieht auch noch schön aus. (Foto: Nether Wallop)

Aussaat im Frühbeet

Wer gern Gemüse heranzieht, für den lohnt sich die Anschaffung eines Frühbeets. Es lässt sich leicht im Garten an geschützter Stelle platzieren und kann im Frühsommer, wenn es nicht mehr benötigt wird, zur Seite geräumt werden. Frühbeete sind nichts anderes als 30–40 cm hohe Rahmen, die mit Glasscheiben abgedeckt werden.

Viele Hersteller bieten fertige Frühbeetkästen an, mit etwas Geschick kann man sie aber auch leicht selbst bauen. Man benötigt dazu lediglich entsprechend hohe Bretter, Winkel und Glas- oder Kunststoffscheiben im Rahmen. Dafür eignen sich sogar alte ausrangierte Fensterscheiben. Wenn die Sämlinge eine entsprechende Größe haben und regelmäßig belüftet werden müssen, werden einfach Abstandhalter zwischen Wände und Glas gelegt.

Kalter und warmer Kasten

Kalter Kasten ist lediglich eine andere Bezeichnung für ein Frühbeet, das auf dem Erdreich aufgestellt wird. Gesät wird ab April entweder in Aussaatgefäße, die auf dem Boden stehen, oder direkt in die eingefüllte Erde des Frühbeets.

Der warme Kasten ist auch als Mistbeet bekannt. In den Frühbeetkasten wird zunächst eine dicke Schicht frischer Pferdemist eingefüllt. Erst darauf kommt die Aussaaterde. Beim Verrottungsprozess des Pferdemists entsteht Wärme, die die Keimung der Samen und eine gute Entwicklung der Sämlinge fördert. Selbst bei vorübergehenden Minustemperaturen ist die Wärmeentwicklung ausreichend. Die Aussaat in den warmen Kasten ist dann auch ab März möglich. Die Unterlage sollte mindestens 30 cm betragen, entsprechend höher müssen Sie die Seitenwände des Frühbeetkastens anlegen.

Wie tief sollen die Samen in der Erde liegen?

Als Faustregel für die richtige Aussaattiefe gilt, dass die Samen so hoch mit Erde bedeckt werden, wie sie dick sind. Kohlsamen dürfen auch ein wenig tiefer liegen. In 0,5 cm tiefen Saatrillen werden die Samen in Reihen gelegt und abgedeckt.

So gelingt die Anzucht

Bringen Sie an allen Aussaatgefäßen Stecker oder Etiketten an, damit es später nicht zu Verwechslungen kommt. Wichtig ist auch das Angießen nach der Aussaat. Gröberes Saatgut wird am besten mit einem Brauseaufsatz gegossen. Auch später müssen Sie die Aussaaten regelmäßig wässern. Beobachten Sie die Aussaatgefäße, um ein Gefühl für den richtigen Zeitpunkt zu bekommen. Wenn die Oberfläche leicht abgetrocknet ist, wird es Zeit für eine erneute Wassergabe. Warten Sie zu lange, sterben die Keimlinge sehr leicht ab, denn sie haben ja noch kaum Wurzeln. Doch auch Staunässe ist der sichere Tod für die zarten Pflänzchen. Als Gießwasser verwenden Sie am besten abgestandenes, zimmerwarmes Wasser. Optimal ist weiches Regenwasser, doch auch Leitungswasser mit einer Temperatur von mindestens 18 °C ist problemlos verwendbar.

Mit Folien oder Scheiben abgedeckte Aussaaten werden, sobald sich die ersten Keimblätter an der Oberfläche zeigen, regelmäßig belüftet. Sind die Keimlinge dann zu kräftigen Jungpflanzen herangewachsen, werden die Abdeckungen ganz entfernt.

Das Pikieren

Bei flächigen Aussaaten ist es Zeit für das Pikieren, also Vereinzeln, wenn sich die ersten richtigen Blätter nach den Keimblättern gebildet haben. Die Sämlinge benötigen nun mehr Platz, um ihre Wurzeln auszubilden und zu kräftigen Jungpflanzen heranzuwachsen. Mithilfe eines Pikierstäbchens oder auch eines kleinen Hölzchens heben Sie die Sämlinge vorsichtig aus der Saatkiste und setzen sie entweder wieder in Kisten oder direkt einzeln in Töpfe. Dazu bohren Sie mit dem Pikierstäbchen Löcher, setzen die Pflanzen hinein und drücken sie sanft fest. Die Pflänzchen sollten so tief in die Erde kommen, dass die Keimblätter knapp über der Erde stehen. Auf diese Weise wird das Wurzelwachstum angeregt und die Pflanzen werden standfester und kompakter. Nach dem Pikieren wässern Sie die Pflanzen vorsichtig mit der Brause.

Ein wenig Aussaatpraxis

Die Wahl der verschiedenen Aussaatmethoden (Breitsaat, Reihensaat, Punktsaat) hängt von der Größe und der Beschaffenheit des Saatgutes ab. Bei der Breitsaat werden die Samenkörner breitwürfig und möglichst gleichmäßig auf der Aussaatfläche verteilt. Dabei sollte die Verteilung der Samen nur so dicht sein, dass die Keimlinge genügend Platz zur Entwicklung haben, damit sich bis zum Pikieren starke Pflänzchen ausbilden können. Die Samen werden dabei entweder direkt aus der Samentüte geschüttet oder zwischen Daumen und Zeigefinger genommen (so wie man eine Prise Salz auf einer Speise verteilt). Sehr feines Saatgut mischen Sie am besten 1:1 mit hellem Sand, damit Sie die Verteilung besser sehen können und damit Sie nicht zu dicht säen.

Bei der Reihensaat zieht man zunächst Rillen, bevor die Samen dort gleichmäßig und nicht zu dicht eingesät werden. Durch Klopfen gegen die Samentüte bei gleichbleibender Vorwärtsbewegung werden die Samen im richtigen Abstand in die Rillen gegeben. Diese beiden Aussaatmethoden eignen sich für Aussaat in Kisten beziehungsweise großflächig im Frühbeet.

TIPP **Die meisten Samen von Gemüsepflanzen und auch Sommerblumen benötigen Temperaturen von mindestens 15 °C, damit die Keimung induziert wird. Insofern eignen sich Standorte zur Voranzucht im Wohnbereich sehr gut. Auch in Frühbeetkästen sind ab Mitte April genügend hohe Temperaturen garantiert, und im warmen Kasten lässt die Verrottung der organischen Unterlage die Temperaturen schon zeitig steigen.**

Für die Direktsaat in kleine Einheiten, wie die Kokosplatten, ist die Punktsaat sinnvoll, bei der jeweils nur ein Samenkorn pro Einheit gesät wird, denn die Pflanzen sollen höchstens einmal pikiert werden, bevor sie an ihren endgültigen Standort kommen. Grobkörniges Saatgut können Sie auch in Kisten als Punktsaat einbringen.

Die Wurzeln dürfen beim Pikieren nicht verletzt werden. (Foto: Floramedia.com)

Der richtige Standort

Am besten entwickeln sich Sämlinge an einem hellen, aber nicht direkt sonnigen Standort. Südfenster sind also nur bedingt geeignet, eventuell müssen Sie dort für eine Schattierung während der Mittagsstunden sorgen. Alle anderen Himmelsrichtungen sind uneingeschränkt geeignet. Achten Sie aber darauf, dass die Aussaatgefäße immer möglichst dicht am Fenster stehen. Eine untergelegte Styropor- oder Korkplatte isoliert gegen Kälte von unten und führt zu besseren Keimergebnissen.

(Foto: K. Adams)

Was Kohl wachsen lässt

Der Boden

Kohl liebt einen schweren, tiefgründigen, nährstoffreichen und humosen Boden. Die meisten Arten kommen auch mit halbschattigen Lagen gut zurecht, denn hier hält sich die Feuchtigkeit besser als in der vollen Sonne. Optimal sind windgeschützte Standorte.

Fingerprobe

Um Aufschluss über den Zustand des Bodens im Garten zu erhalten, lohnt es sich, eine Bodenanalyse machen zu lassen, um dann gegebenenfalls die erforderlichen Verbesserungsmaßnahmen durchzuführen. Verschiedene Institute analysieren Bodenproben von Privathaushalten. Neben einer genauen Zusammenstellung über die Eigenschaften des Bodens erhält man außerdem Düngungsempfehlungen. Einen ersten Eindruck kann man schon mithilfe der sogenannten Fingerprobe erhalten. Dazu entnimmt man eine Handvoll Erde, knetet diese gut durch und reibt sie dann zwischen Daumen und Zeigefinger hin und her.

- Sand knirscht beim Reiben stark und fällt sofort auseinander.
- Lehmiger Sand fühlt sich rau an und knirscht, lässt sich aber zur Kugel rollen.

Kleine Anbautabelle

Kultur/Sorte	Aussaat	Pflanzung	Ernte	Abstand (cm)
Weiß-/Rotkraut				
Früh	E. Jan.–E. Feb. (unter Glas)	E. Apr.–E. Mai	A. Juli–M. Aug.	50 × 50
Herbst	E. Feb.–E. März (Frühbeet)	A. Mai–E. Mai	E. Sept.–E. Nov.	60 × 60
Winter/Lager	M. März–E. Apr.	E. Mai–E. Juni	E. Okt.–E. Nov.	60 × 60
Spitzkohl				
Früh	A. Feb.–E. Feb. (Frühbeet)	M. März–M. Apr.	M. Juni–M. Aug.	40 × 40
Sommer	M. März–A. Juni	A. Mai–M. Juli	A. Aug.–M. Okt.	40 × 40
Wirsing				
Früh	A. Feb.–E. Feb. (Frühbeet)	M. März–M. Apr.	M. Juni–E. Juli	50 × 50
Herbst	A. März–E. Apr.	A. Apr.–E. Juni	A. Aug.–A. Dez.	50 × 50
Spät	M. Apr.–E. Mai	M. Juni–E. Juli	A. Nov.–M. März	50 × 50

- Sandiger Lehm fühlt sich rau und stumpf an, knirscht nur sehr schwach, lässt sich gut rollen und fällt auch beim Biegen nicht auseinander.
- Lehm ist staubig, glatt und stumpf, lässt sich leicht ausrollen und ist biegsam.
- Toniger Lehm ist gut ausrollbar und biegsam, glänzt schwach und klebt leicht an den Fingern.
- Ton ist ganz glatt, stark klebrig und glänzt fettig. Er ist sehr gut ausrollbar und biegsam.

Sandböden lassen sich sowohl im nassen als auch im trockenen Zustand sehr leicht bearbeiten. Der Nachteil dieser leichten Böden ist, dass sie sehr wasserdurchlässig sind und Niederschläge dementsprechend schnell versickern.

In der Regel sind Sandböden arm an Nährstoffen. Durch Zugabe von reichlich organischem Material wie reifem Kompost, Stallmist und Gesteinsmehlen lässt sich Sandboden aber wirkungsvoll verbessern. Einerseits erhöht sich dadurch der Nährstoffgehalt, andererseits werden auch die Niederschläge besser im Boden festgehalten und sind für Pflanzenwurzeln länger verfügbar.

Lehmböden enthalten ein Gemisch aus Ton, Sand und Schluff. Ihr Vermögen, Wasser und Nährstoffe zu speichern, ist gut, und sie gelten als sehr fruchtbar. Lehmböden können bei starken Niederschlägen allerdings verschlämmen, was zur Verdichtung und Verschlechterung des Lufthaushalts in den oberen Bodenschichten führt. Bei längerer Trockenheit kommt es außerdem zur sogenannten Klutenbildung, das heißt, es bilden sich dicke zusammenhängende Klumpen, die man nur durch ständiges Hacken aufbrechen kann. Reichliche Gaben mit reifer Komposterde lockern Lehmböden nachhaltig auf. Auch eine Gründüngung mit tief wurzelnden Pflanzen, die später gründlich in den Boden eingearbeitet werden, ist eine wirkungsvolle Methode der Bodenverbesserung.

Tonböden kommen in reiner Form nur selten vor. Häufiger findet man Lehmböden mit hohem Tonanteil. Sie zeichnen sich durch dichtes Gefüge aus. Niederschläge versickern nur sehr langsam. Wegen des durch das dichte Gefüge häufig auftretenden Sauerstoffmangels kommt es zu erschwertem Wurzelwachstum. In nassem Zustand sind stark tonhaltige Böden extrem schwer zu bearbeiten, in Trockenzeiten neigen sie zu Riss- und Spaltenbildung. Durch reichliche Humus- und Sandzugaben können solche schweren Böden aber wirkungsvoll verbessert werden.

Gründüngung für lockeren Boden

Eine Gründüngung bietet gleich mehrere Vorteile:

- Die Bodenstruktur wird verbessert.
- Der Boden wird mit reichlich organischem Material angereichert.
- Die Wurzeln der Gründüngungspflanzen brechen Verdichtungen weiter auf.
- Das Bodenleben wird aktiviert, da die zahlreichen Mikroorganismen „Futter" erhalten.
- Die geschlossene Pflanzendecke unterdrückt aufkeimendes Unkraut.

Je nach Bodenart können unterschiedliche Gründüngungspflanzen eingesetzt werden. Bienenfreund, auch als *Phacelia* bekannt, ist auf leichten Böden mit hohem Sandanteil die richtige Wahl. Etliche Gründüngungspflanzen können auch Stickstoff aus der Luft sammeln und über Knöllchenbildung an den Wurzeln dem Boden zuführen. Diese Eigenschaft ist typisch für viele Leguminosen, zum Beispiel Lupine, Luzerne und andere Kleearten. Üblicherweise wird die Gründüngung im Frühling oder Frühsommer ausgesät und im Herbst nach den ersten Frösten abgemäht. Die Pflanzenmasse wird einfach untergegraben und zersetzt sich wäh-

Die richtige Gründüngung

Um Krankheiten und Schädlinge zu vermeiden, dürfen Gründüngungspflanzen wie die Kreuzblütler Raps oder Senf auf keinen Fall verwendet werden, wenn danach Kohl angepflanzt werden soll.

Futter für den Kohl

Für einen nährstoffreichen und humosen Boden ist es sinnvoll, diesen schon im Vorjahr reichlich mit Kompost zu versorgen. Bei den Kopfkohlarten wirkt sich zum Zeitpunkt der Kopfbildung eine Kopfdüngung positiv aus. Hierfür eignen sich selbst angesetzte Brühen und Jauchen, beispielsweise aus Brennnesseln, hervorragend. Übermäßige Stickstoffgaben sollten jedoch vermieden werden. Sie machen den Kohl anfällig für Krankheiten. Gegen die gefürchtete Kohlhernie helfen großzügige Kalkgaben schon beim Einsetzen der Jungpflanzen.

Generell gilt: Dem Boden muss nur so viel an Dünger zugeführt werden, wie ihm die Pflanzen entziehen. Bei zu reichlichen Düngergaben wird das Grundwasser unnötig belastet.

Blaue Lupinen reichern den Boden mit Stickstoff an. (Foto: Floramedia.com)

rend des Winters zum größten Teil. Wer den Boden den Winter über nicht brachliegen lassen will, kann im frühen Herbst Winterroggen ausbringen, der dann im folgenden Frühjahr untergegraben wird. Im Fachhandel sind übrigens auch verschiedene Gründüngungsmischungen erhältlich, die bereits auf die einzelnen Bodenarten abgestimmt sind.

Fruchtfolge und Mischkultur

Aufgrund der gefürchteten Kohlhernie und anderen Krankheiten darf Kohl höchstens alle vier bis fünf Jahre an der gleichen Stelle angebaut werden. Dies gilt auch für die zahlreichen anderen Kreuzblütler, zum Beispiel Rettich, Radies und Senf. Aufgrund des hohen Nährstoffbedarfs sind Hülsenfrüchte sehr gute Vorkulturen, da sie den Boden mit Stickstoff anreichern. Für eine Mischkultur eignen sich Tomaten und Sellerie, Bohnen, Salat, Erbsen, Gurken, Kartoffeln, Porree oder Spinat.

Phacelia lockt als Nebeneffekt der Gründüngung zahlreiche Bienen an. (Foto: Floramedia.com)

Kompost liefert wertvolle Nährstoffe und verbessert die Bodenstruktur. (Foto: Floramedia.com)

Organische Dünger

Organische Dünger werden aus pflanzlichen oder tierischen Materialien hergestellt. Sie wirken langsam und gleichmäßig, da sie nach und nach von im Boden lebenden Mikroorganismen zersetzt werden, sodass die Pflanzen die enthaltenen Nährstoffe nutzen können. Bei höheren Temperaturen arbeiten die Mikroorganismen schneller, bei niedrigen Temperaturen entsprechend langsamer. Auf jeden Fall dauert es drei bis vier Wochen, bis die Pflanzen den aufgebrachten Dünger aufnehmen können. Zur Gruppe der organischen Dünger gehören zum Beispiel reifer Kompost, Hornspäne oder Rinderdung.

Das tut gut – die richtige Pflege

Besonders wichtig für die gute Entwicklung ist eine gleichmäßige Bodenfeuchte. In Trockenzeiten muss deshalb regelmäßig gewässert werden. Um die Wasser- und Nährstoffaufnahme zu verbessern, häufelt man die Pflanzen an. Es bildet sich in weiterer Folge dicht unter der Oberfläche ein fein verästeltes Wurzelsystem, die sogenannten Adventivwurzeln. Dadurch kann die Pflanze noch mehr Wasser und darin gelöste Stoffe aufnehmen. Auch eine Mulchschicht, am besten aus Grasschnitt, hilft dabei, die Feuchtigkeit besser im Boden zu halten, und zusätzlich wird dadurch das Unkraut unterdrückt. Ansonsten ist regelmäßiges Hacken des offenen Bodens sinnvoll, weil dadurch Feuchtigkeitsverluste verringert werden.

Saatgutgewinnung

Die allermeisten Kohlarten sind zweijährig. Sie bilden im ersten Jahr ihre typischen Köpfe, Blattrosetten oder Stängelverdickungen aus. Im zweiten Jahr blühen die Pflanzen und können Samen bilden. Einige Arten wie Blumenkohl und Brokkoli blühen bereits im ersten Jahr, wenn sie früh ausgesät werden.

Brennnesseljauche selbst herstellen

Sie benötigen:

- 1 kg frisches oder 200 g getrocknetes Brennnesselkraut
- 10 l Wasser

Setzen Sie das Pflanzenmaterial in einer Tonne oder einem Fass (darf nicht aus Metall sein) in Wasser an und lassen Sie es – bei regelmäßigem Umrühren – gären. Streuen Sie bei Geruchsbelästigung Steinmehl auf die Jauche und geben Sie einen Deckel auf die Tonne. Zum Gießen verdünnen Sie die Jauche im Verhältnis 1:10 mit Wasser und gießen sie in den Wurzelbereich. Unverdünnte Jauche führt zu Verbrennungen auf den Blättern!

Für die Saatgutgewinnung müssen die Pflanzen also überwintert werden. Frostharte Arten wie Grünkohl, Rosenkohl und Wirsing können einfach im Beet stehen bleiben, ohne dass man sie aberntet. Sehr gut als Überwinterungsort eignet sich auch ein Frühbeet. Hier stehen die Pflanzen geschützt, aber nicht zu warm. Im folgenden Frühjahr werden sie wieder in ein Beet gesetzt, kommen zur Blüte und können Samen ansetzen. Damit die Samen nicht schon vor der Ernte zu Boden fallen, können Sie die Samenstände vor der Reife mit luftdurchlässigen Gaze- oder Vliesbeutelchen umhüllen. Bei Reife fallen die Samen dort hinein und können eingesammelt werden. Nach gründlicher Trocknung werden sie kühl und trocken bis zur Aussaat im folgenden Jahr gelagert.

Hochbeete für optimales Wachstum

Im naturnahen Gartenbau ist das Hochbeet weit verbreitet. Durch seinen besonderen Aufbau kann mehr Wärme gespeichert werden als in einem flachen Beet. Da das Hochbeet aus verschiedenen Schichten verrottbaren Materials aufgebaut ist, entsteht bei der Verrottung erhebliche Wärme, die den Pflanzen zugutekommt: ungefähr 4–5 °C im ersten Jahr gegenüber dem Flachbeet. Nach und nach sackt das Hochbeet zusammen, sodass es nach fünf bis sechs Jahren ausgeräumt und wieder neu aufgeschichtet werden muss. Durch das günstige Kleinklima, bedingt durch die Verrottung der organischen Materialien im Inneren des Hochbeets, entsteht auch Wärme von unten. Hochbeete ermöglichen rückenschonendes Arbeiten, sodass auch Ältere oder Menschen mit Behinderung bequem im eigenen Garten arbeiten können. Die Ernte kann durch Folientunnel, Vlies usw. verfrüht werden. Wird das Hochbeet an eine Südwand angelehnt, erwärmt sich das Beet noch weiter.

Samenfeste Sorten

Saatgut von samenfesten Sorten kann für den privaten Gebrauch gesammelt und wieder ausgesät werden.
Diese Sorten sind genetisch so stabil, dass sie ihre Eigenschaften gleichmäßig von Generation zu Generation weitergeben. Besonders lohnenswert ist es bei alten und regionalen Sorten, die auf diese Weise erhalten bleiben.
Bei den sogenannten F1-Hybriden ist das nicht so. Werden Samen von F1-Hybridsorten gesammelt und erneut ausgesät, erhält man die sogenannten F2-Hybriden, die sehr unterschiedlich ausfallen und nicht unbedingt die guten Eigenschaften der ersten Generation aufweisen.

Filderkraut ist eine samenfeste Sorte.
(Foto: pixelio.de/Wrw)

Porträts

Ob klassische Blattkohle oder fernöstliche Kohlvarianten – Kohl hat für jeden Geschmack und jeden Garten etwas zu bieten; und dann gibt es ja auch noch die Kohlsorten, bei denen wir die Knospen verzehren, wie Blumenkohl und Brokkoli. Kohl ist in seiner Vielfältigkeit kaum zu übertreffen, und das gilt genauso für seine geschmacklichen Qualitäten. Den Überblick zu behalten, ist aber nicht immer ganz einfach. Zumal neben den einzelnen Varietäten auch viele Sorten zu finden sind.

(Foto: K. Adams)

Blatt- und Kopfkohle

(Foto: pixelio.de/ A. Dufft)

Bei dieser Gruppe spielen die Blätter die Hauptrolle. In ihrer ganzen Vielfalt, ob glatt oder gekraust, derb oder zart, locker angeordnet oder zu festen Köpfen geformt, haben sie Generationen als wichtiges Grundnahrungsmittel gedient und zu bodenständigen Gerichten inspiriert. Und heute entdecken auch Spitzenköche die feinen Geschmacksnuancen der verschiedenen Sorten.

Ein Grund mehr, ihnen einen gebührenden Platz im Nutzgarten einzuräumen!

Weißkraut (Weißkohl)

(Brassica oleracea var. *capitata* f. *alba)*

Seine herausragende Bedeutung kann man schon an der Vielzahl an Namen ausmachen, unter denen Weißkraut bekannt ist. Während man in süddeutschen Gefilden und in Österreich in der Regel von Weißkraut oder einfach nur von Kraut spricht, heißt er in Norddeutschland Weißkohl. Kraut ist im Norden gleichbedeutend mit Sauerkraut, der traditionellen Form des Konservierens. Im Rheinland spricht man vom Kappes, was wohl auch auf die lange Anwesenheit der Römer zurückzuführen ist, denn hier handelt es sich um die Umformung des lateinischen Begriffs „caput": der Kopf, das Haupt. Auch der in der Schweiz gebräuchliche Name Kabis geht auf den gleichen Ursprung zurück.

Weißkraut entstand aus dem locker aufgebauten Blattkohl durch jahrhundertelange Züchtung. Pflanzen mit kurzem Strunk, bei denen die dicht beieinanderstehenden Blätter einen Kopf bildeten, wurden gezielt ausgelesen und weitervermehrt. Kopfkohl, sowohl Weiß- als auch Rotkraut, wird seit dem frühen Mittelalter in ganz Europa angebaut und ist wirtschaftlich gesehen auch heute in vielen Ländern der Welt eines der wichtigsten Gemüse.

Gesunder Genuss

Beim Weißkraut handelt es sich um ein besonders gesundes Gemüse. Es steckt voller Vitamine und Mineralstoffe. 100 g Weißkraut enthalten lediglich 22 Kalorien und alle Vitamine der B-Gruppe sowie die Vitamine A, C und E, außerdem Kalium, Magnesium, Phosphor und Kalzium, alles wichtige Spurenelemente, die der Körper benötigt.

Zweijähriger Kopfkohl

Im ersten Jahr bildet sich bei Kopfkohlen der Blattkopf, erst im zweiten Jahr, ausgelöst durch die Kälteperiode im Winter, bildet sich die Blüte. In manchen Jahren kann es aber schon vorkommen, dass durch tiefe Temperaturen ein vorzeitiges „Schießen" ausgelöst wird und die Pflanze zur Blüte kommt, ohne vorher einen richtigen Kopf ausgebildet zu haben.

Dazu kommt, dass generell alle Kohlarten reich an Ballaststoffen sind, was sich positiv auf die Verdauung auswirkt.

Weißkraut in der Volksmedizin

Sowohl innerlich als auch äußerlich kann Kraut bei Unpässlichkeiten angewandt werden.

- Krautwickel beispielsweise sind ein altes Heilmittel bei schmerzenden Körperstellen und schlecht heilenden Wunden. Die Kohlblätter entziehen dem Körper Giftstoffe, entschlacken entzündetes Gewebe und stärken die Durchblutung selbst in tiefen Hautschichten.
- Frisch gepresster Krautsaft hingegen wirkt bei Magengeschwüren und ist zudem blutreinigend. Am besten machen Sie eine Trinkkur über drei bis vier Wochen, bei der Sie täglich 1 l Krautsaft über den ganzen Tag verteilt trinken. Den Saft gibt es fertig im Reformhaus oder im Naturkostladen, man kann ihn aber auch selbst frisch pressen.

Der richtige Standort

Klimatisch stellt Weißkraut keine allzu großen Ansprüche, es ist robust und kommt sowohl mit hohen als auch mit tiefen Temperaturen zurecht. Wichtig ist aber eine ausreichende und vor allem regelmäßige Wasserversorgung, da Hitze und Trockenheit zu Wachstumsstörungen führen und den Ertrag stark mindern können.

Zu Unrecht verschmäht

Der Ruf, Blähungen zu verursachen, hängt beim Kohl auch damit zusammen, dass wir einer ballaststoffreichen Ernährung entwöhnt sind und unsere Verdauung sich nicht immer so schnell umstellen kann. Mitgekochte Kräuter und Gewürze verfeinern nicht nur den Geschmack, sondern machen Kohlgerichte auch leichter verdaulich. Kümmel und Wacholder beispielsweise sind hervorragende Begleiter im Kochtopf.

Wie die meisten Kohlgemüse bevorzugt auch Weißkraut mittelschwere, tiefgründige und nährstoffreiche Böden mit pH-Werten im Bereich zwischen 7 und 7,5. Am besten gedeiht es in mittelschweren humosen Lehmböden.

TIPP **Zur Verbesserung von allzu durchlässigem, trockenem oder sehr sandigem Erdreich mischt man pro Quadratmeter 10 l reifen Gartenkompost oder gut verrotteten Stallmist unter.**

Jungpflanzen werden im Abstand von 50 cm ausgepflanzt. (Foto: fotolia.de/S. Wall)

Anbau

Weißkraut wird unterteilt in frühe, mittlere und späte Sorten. Für den frühen Anbau muss man die Pflanzen vorgezogen kaufen oder bereits im Februar unter Glas aussäen. Anfang April werden die jungen Pflänzchen in gut gedüngten und gelockerten Böden gesetzt. Ernten kann man bereits ab Juni. Die Köpfe sollten nach der Ernte aber schnell verbraucht werden, denn sie sind nicht lange lagerfähig.

Das später im kalten Kasten oder im Anzuchtbeet ausgesäte und ab Mai ins Beet gepflanzte Kraut für die Ernte im Spätsommer und Frühherbst ist länger lagerfähig. Der Pflanzabstand sollte bei etwa 60 cm liegen, bei diesem Abstand können sich die Köpfe besser entwickeln. Enger bepflanzte Beete bringen keinen höheren Ertrag, sondern führen eher zu Krankheiten und schlechter Entwicklung.

Kraut kann im Gewächshaus vorgezogen werden. (Foto: fotolia.de/Ermess)

Aussaat

Kraut wird dünn in 5 mm tiefe Rillen ausgesät. Der Abstand zwischen den Reihen sollte etwa 15 cm betragen. Haben sich die Keimlinge gut entwickelt, werden sie auf 5 cm ausgedünnt. Nach etwa sechs Wochen kommen sie dann an ihren endgültigen Standort. Besonders in den Sommermonaten muss regelmäßig bewässert werden.

Weißkraut wird für die Herbst- bzw. Winterernte im April oder Mai ausgesät und spätestens Ende Juni gepflanzt.

Ganzjährige Versorgung

Weißkraut kann in wintermilden Gegenden auch überwintert werden. Dazu sät man erst im August aus und verpflanzt die Jungpflanzen bis Mitte Oktober mit 20–30 cm Abstand ins Beet. Bei stärkeren Frösten sollte man die Kulturen abdecken. Ab März werden die jungen Kohlpflanzen, die noch keinen richtigen Kopf gebildet haben und sich durch sehr zarte Blätter auszeichnen, geerntet. Schneidet man nur jeden zweiten jungen Kopf ab und lässt den Rest weiterwachsen, erhält man im Mai kräftige Köpfe. Länger sollte man mit der Ernte aber nicht warten, sonst schießen die Köpfe ins Kraut und beginnen zu blühen.

Krautwickel

Verwendet werden frisch gewaschene Innenblätter von Weißkohl oder Wirsing ohne die dicken Mittelrippen. Man klopft die Blätter weich, legt sie überlappend auf die betroffene Stelle und befestigt sie locker. Zweimal täglich werden die Blätter erneuert.

Düngung

Als typischer Starkzehrer benötigt Weißkraut viele Nährstoffe, vor allem Stickstoff und Kalium. Den größten Nährstoffbedarf haben die Pflanzen während des Blattwachstums. Den Stickstoff benötigen sie für kräftiges Wachstum, Kalium fördert die Zuckerbildung und verbessert damit die Lagerfähigkeit. Trotzdem sollte man es mit der Düngung auch nicht übertreiben. Besonders bei zu hoher Stickstoffzufuhr kommt es zu weichen Pflanzen, die anfällig für Krankheiten und Schädlinge sind.

Die richtigen Nachbarn

- Günstige Nachbarn für das Weißkraut sind: Tomaten, Paprika, Sellerie, Rettich, Spinat, Mangold und Salate.
- Ungünstige Nachbarn sind: Zwiebeln und Knoblauch.

Ernte

Bereits bei der Ernte schneidet man die äußeren Blätter ab, sodass die festen Köpfe übrig bleiben. Sollen Herbst- und Wintersorten gelagert werden, gräbt man die Köpfe mit den Wurzeln aus. In einem kühlen Keller, mit dem Kopf nach unten aufgehängt, sind sie einige Monate haltbar. Wer über keinen kühlen Keller verfügt, lässt die Köpfe möglichst lange im Beet und deckt sie bei Frost ab.

Kraut kann nach Bedarf geerntet werden.
(Foto: fotolia.de/ Hikariphoto.com)

Empfehlenswerte Sorten

Amager

Aussaat unter Glas: Februar bis März
Auspflanzen: April bis Mai
Direktsaat ins Beet: März bis Mai
Ernte: September bis Oktober
Standort: sonnig
Lagerfähig: bis Dezember
Besonderheiten: Mittelspäte, sehr ertragreiche Sorte mit mittelgroßen, plattrunden, festen Köpfen. Auch für weniger günstige Lagen geeignet; Kopfgewicht ca. 2,8 kg.
Ansprüche: Nährstoffreicher, humoser und feuchter Gartenboden.

Krankheiten und Schädlinge

Am häufigsten treten Kohlhernie, Falscher Mehltau und Blattfleckigkeit an Weißkrautsorten auf. Zur Vorbeugung sollte ein weiter Pflanzabstand gewählt werden.
Um widerstandsfähige Pflanzen zu erhalten, sollte ausgewogen gedüngt und gewässert werden. Durch gründliches Kalken und regelmäßiges Auflockern des Bodens kann der Kohlhernie vorgebeugt werden.
(Weitere Informationen zu Krankheiten und Schädlingen siehe Seite 62.)

Amager (Foto: pixelio.de/ G. Schönemann)

Bergkabis (Foto: fotolia.de/Silver-John)

Bergkabis

Aussaat unter Glas: April bis Mai
Auspflanzen: Mai bis Juni
Direktsaat ins Beet: Mai bis Juni
Ernte: Oktober bis Dezember
Standort: sonnig
Lagerfähig: über die Wintermonate
Besonderheiten: Historische Sorte mit kleinen festen Köpfen aus der Schweiz, die sich durch hohe Frostfestigkeit auszeichnet und lange im Beet stehen bleiben kann.
Ansprüche: Nährstoffreicher, humoser und feuchter Gartenboden.

Brunswijker (Braunschweiger)

Aussaat unter Glas: Februar bis Mai
Auspflanzen: April bis Juni
Direktsaat ins Beet: April bis Juli
Ernte: Juli bis Oktober
Standort: sonnig
Lagerfähig: bei später Aussaat bis in den Winter
Besonderheiten: Alte, bewährte und immer noch beliebte Sorte mit plattrunden, sehr festen Köpfen. Sie punktet durch ihren besonders feinen Geschmack und wird bevorzugt zur Herstellung von Sauerkraut verwendet.
Ansprüche: Nährstoffreicher, humoser und feuchter Gartenboden.

Copenhagen Market

Aussaat unter Glas: Januar bis Juni
Auspflanzen: April bis Juli
Direktsaat: April bis Juni
Ernte: Juni bis Oktober
Standort: sonnig
Lagerfähig: bei später Aussaat bis in den Winter
Besonderheiten: Die Sorte ist speziell für den Frühanbau gedacht und wird deshalb immer unter Glas angezogen. Bei Aussaat ab Januar unter Glas ist eine Ernte bereits im Juni möglich.
Ansprüche: Nährstoffreicher, humoser und feuchter Gartenboden.

Derby Day

Aussaat unter Glas: Februar bis Mai
Auspflanzen: April bis Mai
Direktsaat ins Beet: April bis Juli
Ernte: Juni bis September
Standort: sonnig
Lagerfähig: bei später Aussaat bis zum Herbst
Besonderheiten: Frühe, gut schossfeste Sommersorte mit runden festen Köpfen. Bei Aussaat im Februar unter Glas ist eine Ernte bereits im Juni möglich.
Ansprüche: Nährstoffreicher, humoser und feuchter Gartenboden. Bei früher Aussaat ist eine dichtere Bepflanzung im Beet als üblich möglich. Bei früher Anzucht ist es besonders wichtig, bei Trockenheit zu wässern.

Dithmarscher Früher

Aussaat unter Glas: Februar bis April
Auspflanzen: April bis Mai
Direktsaat ins Beet: April bis Mai
Ernte: Juni bis August
Standort: sonnig
Lagerfähig: bei später Aussaat bis zum Herbst
Besonderheiten: Frühe Sommersorte mit runden festen Köpfen, die eine auffallend helle Färbung besitzen. Bei Aussaat im Februar unter Glas ist eine Ernte bereits im Juni möglich.
Ansprüche: Nährstoffreicher, humoser und feuchter Gartenboden. Bei früher Anzucht ist es besonders wichtig, bei Trockenheit zu wässern.

Dithmarscher Früher (Foto: pixelio.de/ Echino)

Donator

Aussaat unter Glas: März bis Mai
Auspflanzen: Mai bis Juni
Direktsaat ins Beet: Mai
Ernte: August bis September
Standort: sonnig
Lagerfähig: bis in den späten Herbst

Donator (Foto: fotolia.de/ P. Klimenko)

Besonderheiten: Robuste Sorte mit großen runden Köpfen und sehr hellen Innenblättern. Eignet sich besonders gut für die Sauerkrautherstellung.
Ansprüche: Nährstoffreicher, humoser und feuchter Gartenboden.

Dottenfelder Dauer

Aussaat unter Glas: März bis April
Auspflanzen: Mai
Direktsaat ins Beet: April bis Mai
Ernte: September bis November
Standort: sonnig
Lagerfähig: bis in den Januar hinein
Besonderheiten: Kurzstrunkige Spätsorte mit festen ovalen Köpfen. Sie überzeugt durch einen feinen Geschmack und eignet sich gut für Rohkost.
Ansprüche: Nährstoffreicher, humoser und feuchter Gartenboden.

Juni Riesen

Aussaat unter Glas: Januar bis Mai
Auspflanzen: April bis Juni
Direktsaat ins Beet: April bis Juni
Ernte: Juni bis Oktober
Standort: sonnig
Lagerfähig: bei später Aussaat bis in den Winter
Besonderheiten: Großkopfige Standardsorte, die sich gut für den Frühanbau eignet, aber auch als Herbstsorte überzeugt. Bei Aussaat ab Januar unter Glas ist eine Ernte bereits im Juni möglich.
Ansprüche: Nährstoffreicher, humoser und feuchter Gartenboden.

Kärntner Steirisches Gebirgskraut

Aussaat unter Glas: März bis Juni
Auspflanzen: Mai bis Juli
Direktsaat ins Beet: März bis Mai
Ernte: September bis Oktober
Standort: sonnig
Lagerfähig: bis in den Winter
Besonderheiten: Sorte mit plattrunden, recht großen Köpfen, für eine mittelspäte Ernte.
Ansprüche: Nährstoffreicher, humoser und feuchter Gartenboden.

Kärntner Steirisches Gebirgskraut
(Foto: fotolia.de/oksix)

Marner Lagerweiss

Aussaat unter Glas: Februar bis März
Auspflanzen: April bis Juni
Direktsaat ins Beet: März bis Mai
Ernte: August bis Oktober
Standort: sonnig
Lagerfähig: bis in den Winter
Besonderheiten: Traditionelle Universalsorte für die Einlagerung im Herbst. Sie bleibt im Lager lange appetitlich grün. So spät wie möglich ernten, kann bei milden Temperaturen auch im Beet überwintern.
Ansprüche: Nährstoffreicher, humoser und feuchter Gartenboden.

Marner Lagerweiß (Foto: Dürr Samen)

Frühkraut (Spitzkohl)

Frühkraut beziehungsweise Spitzkohl ist eigentlich auch ein Weißkraut, bildet aber keine rundlichen Köpfe aus, sondern spitze, die an lange Zipfelmützen erinnern. Die Anbaubedingungen entsprechen im Allgemeinen denen von Weißkraut. Frühkraut ist mehr oder weniger der zarte Bruder des robusten klassischen Krauts. Besonders in Süddeutschland ist er in Form des Filderkrauts bekannt, das von den Fildern, einem Hochplateau um Stuttgart herum, seinen Namen erhalten hat. Es wird hauptsächlich zu Sauerkraut verarbeitet. Während ansonsten in Mitteleuropa die rundköpfigen Sorten stark überwiegen, findet man erstaunlicherweise in Großbritannien eine große Anzahl von Spitzkohlsorten, die dort den schönen Namen „Sweetheart Cabbage" tragen. Ein Vorteil des Spitzkohls ist sein geringerer Platzbedarf im Beet, da man ihn enger pflanzen kann.

Empfehlenswerte Sorten

Durham Early

Direktsaat ins Beet: August bis September
Ernte: März bis April (Überwinterung mit Schutz)
Standort: sonnig
Lagerfähig: nur kurzfristig
Besonderheiten: Klein bleibende Sorte mit sehr kompakten schmalen Köpfen für die Aussaat im Herbst und die Ernte im Frühjahr des darauffolgendes Jahres. In rauen Gegenden überwintern die Pflanzen am besten im Frühbeetkasten oder unter einem Folientunnel.
Ansprüche: Nährstoffreicher, humoser und feuchter Gartenboden.

Filderkraut

Aussaat unter Glas: Februar bis März
Auspflanzen: April bis Juni
Direktsaat ins Beet: Ende März bis Mai
Ernte: August bis September
Standort: sonnig
Lagerfähig: bis in den Herbst hinein

Besonderheiten: Schwäbische Spezialität mit langer Anbautradition, die überwiegend frisch als Krautsalat oder eingelegt als Sauerkraut verwendet wird. Die Köpfe können bis zu 4 kg schwer werden.
Ansprüche: Nährstoffreicher, humoser und feuchter Gartenboden.

Flower of Spring
Direktsaat ins Beet: August bis September
Ernte: März bis April (Überwinterung mit Schutz)
Standort: sonnig
Lagerfähig: nur kurzfristig
Besonderheiten: Sorte mit mittelgroßen Köpfen für die Aussaat im Herbst und die Ernte im Frühjahr des darauffolgenden Jahres. In rauen Gegenden überwintern die Pflanzen am besten im Frühbeetkasten oder unter einem Folientunnel.
Ansprüche: Nährstoffreicher, humoser und feuchter Gartenboden.

Filderkraut (Foto: fotolia.de/Bildjunge)

Greyhound
Aussaat unter Glas: Februar bis März
Auspflanzen: April bis Juni
Direktsaat ins Beet: Ende März bis Mai
Ernte: Juni bis September
Standort: sonnig
Lagerfähig: bei später Aussaat bis Ende des Herbstes
Besonderheiten: Diese Sorte ist ausgesprochen gut geeignet für besonders frühen Anbau, sie ist dann bereits im Juni erntereif. Bei späteren Saatsätzen kann bis September geerntet werden.
Ansprüche: Nährstoffreicher, humoser und feuchter Gartenboden.

Offenham Compacta
Direktsaat ins Beet: August bis September
Ernte: März bis April (Überwinterung mit Schutz)
Standort: sonnig
Lagerfähig: nur kurzfristig
Besonderheiten: Klein bleibende Sorte für die Aussaat im Herbst und die Ernte im Frühjahr des darauffolgenden Jahres. In rauen Gegenden überwintern die Pflanzen am besten im Frühbeetkasten oder unter einem Folientunnel.
Ansprüche: Nährstoffreicher, humoser und feuchter Gartenboden.

Winningstadt
Aussaat unter Glas: Februar bis April
Auspflanzen: April bis Juni
Direktsaat ins Beet: Ende März bis Mai
Ernte: August bis September
Standort: sonnig
Lagerfähig: bis in den Herbst hinein
Besonderheiten: Sehr alte skandinavische Sorte, die schon um 1850 erwähnt wird. Die konischen Köpfe erreichen ein Gewicht von bis zu 5 kg. In England auch als Sorte für Ausstellungen und Wettbewerbe sehr beliebt.
Ansprüche: Nährstoffreicher, humoser und feuchter Gartenboden. Um gute Qualität zu erhalten, muss bei Trockenheit ausreichend gewässert werden.

Rotkraut (Rotkohl)

(Brassica oleracea var. *capitata* f. *rubra)*

Wie Weißkraut gehört auch der Rotkohl oder das Rotkraut zur Gruppe der Kopfkohle. Seine Blätter sind ebenso kräftig, wirken wie mit einer Wachsschicht überzogen und sind in erntereifem Zustand zu einem festen Kopf geschlossen. Von seiner Blattfärbung hat er auch seinen Namen, wobei die Färbung je nach pH-Wert des Bodens von Rot über Violett bis Blau tendieren kann. Je saurer der Boden ist, desto mehr überwiegt der Rotanteil. Rotkraut unterscheidet sich geschmacklich deutlich vom Weißkraut. Es schmeckt sehr viel süßlicher, dabei aber trotzdem kräftig und markant. Es ist ein Klassiker der Advents- und Weihnachtszeit und wird besonders gern als Beilage zu Gans und Ente gegessen.

Rotkraut braucht Platz. (Foto: fotolia.de/W. le Ber)

„Altes" Gemüse

Das Rotkraut ist vermutlich durch Mutation aus dem Weißkraut hervorgegangen. Durch vermehrte Anthocyanbildung entsteht die Färbung der Blätter. Erwähnt wird das Gemüse bereits von Hildegard von Bingen im 12. Jahrhundert; wann genau es den Weg von Süd- nach Mitteleuropa gefunden hat, ist nicht sicher.

Gesunder Genuss

Rotkraut ist sehr gesund, denn es enthält die krebsvorbeugenden Glucosinolate und Flavonoide. Außerdem wirkt es cholesterin- und blutdrucksenkend und liefert Selen, Niacin, Vitamin C, Kupfer und Zink.

Wie beim Weißkraut auch, erhöht sich der Vitamin-C-Gehalt beim Kochen sogar noch – es eignet sich gut für eine Vitaminkur in den Wintermonaten.

Das schmeckt

- Rotkraut eignet sich hervorragend als Rohkostsalat. Vor dem Verarbeiten werden die äußeren Blätter entfernt. Mit dem Gemüsehobel kann man den Kohlkopf leicht in feine Streifen schneiden. Die rote Farbe wird durch Zugabe von Essig, Wein oder Zitronensaft noch kräftiger.
- Beim Kochen kann man zur besseren Verdaulichkeit Kümmel mitkochen, geschmacklich raffinierter ist aber die Zugabe von mit Gewürznelken gespickten Apfelschnitzen, denn auf diese Weise wird die Süße des Krauts hervorgehoben.

Der richtige Standort

Der Boden sollte tiefgründig, lehmig-humos und immer ausreichend feucht sein. Rotkraut zählt zu den Starkzehrern und benötigt ausreichend Düngung zum guten Gedeihen. Kompost, Hornspäne und Gesteinsmehle sollten vor der Pflanzung und auch später, wenn sich die Köpfe entwickeln, ausreichend gegeben werden.

TIPP **Im Gegensatz zu Weißkraut kommt Rotkraut auch gut mit halbschattigen Standorten zurecht; pralle Sonne sollte sogar vermieden werden, da sie das Platzen der reifen Köpfe begünstigt.**

Für Standort und Lagerung gelten dieselben Bedingungen wie beim Weißkraut. Bevor der erste Frost droht, werden alle Köpfe geerntet und am besten kopfüber dunkel und kühl eingelagert. Ist der Keller zu warm, können Sie auch eine Miete im Garten anlegen. Bei genügender Tiefe und einer guten Dämmung finden hier fast alle Lagergemüse ein optimales Winterlager.

Anbau

Rotkraut ist ein typisches Wintergemüse, es wird im Frühjahr ausgesät und im späten Herbst geerntet. Wie bei Weißkraut unterscheidet man zwischen frühen, mittelfrühen und Lagersorten. Da die Köpfe frostempfindlich sind, müssen sie vor dem Winter geerntet werden.

Krankheiten und Schädlinge

Bei Rotkohl zählen die Kohlhernie, Falscher Mehltau und Blattfleckigkeit zu den häufigsten Krankheiten. Durch gründliches Kalken und regelmäßiges Auflockern des Bodens verhindert man die gefährliche Kohlhernie, eine Pilzerkrankung, die durch Staunässe und niedrige pH-Werte gefördert wird. (Weitere Informationen zu Krankheiten und Schädlingen siehe Seite 62)

Am besten wird Rotkraut bereits Ende Februar unter Glas vorkultiviert. Die Samen werden dabei dünn ausgesät und mit einer Schicht Erde bedeckt. Ab April kommen die herangewachsenen Jungpflanzen ins Freie und werden in Reihen mit 50–60 cm Abstand ins Beet gesetzt.

Die richtigen Nachbarn

- Günstige Nachbarn für Rotkraut sind: Tomaten, Paprika, Sellerie, Rettich, Spinat, Mangold und Salate.
- Ungünstige Nachbarn sind: Zwiebeln und Knoblauch.

Kohl sollte generell nicht mehrere Jahre hintereinander am selben Standort gezogen werden. Am besten pflanzt man drei bis fünf Jahre keine(n) anderen Kohl(arten) und auch keine anderen Kreuzblütler an die gleiche Stelle.

Bei Düngung und Ernte können Sie genauso vorgehen wie beim Weißkraut (siehe Seite 29).

Empfehlenswerte Sorten

Amarant

Aussaat unter Glas: Februar bis März
Auspflanzen: Mai bis Juni
Direktsaat ins Beet: April bis Mai
Ernte: August bis Oktober
Standort: sonnig bis halbschattig
Lagerfähig: bis in den Winter hinein
Besonderheiten: Relativ früh reifende Sorte mit sehr festen mittelgroßen Köpfen. Kann bei früher Aussaat unter Glas bereits ab Ende Juni geerntet werden, ist dann aber nicht lange lagerfähig.
Ansprüche: Nährstoffreicher, humoser und feuchter Gartenboden.

Granat

Aussaat unter Glas: Februar bis März
Auspflanzen: April bis Mai
Direktsaat ins Beet: April bis Mai
Ernte: August bis Oktober

Granat (Foto: Bingenheimer Saatgut)

Kalibos (Foto: pixelio.de/ B. Heindl)

Standort: sonnig bis halbschattig
Lagerfähig: bis in den Winter hinein
Besonderheiten: Schnell wachsende, gut lagerfähige Sorte mit festen glatten Köpfen, die besonders für kühle Höhenlagen geeignet ist.
Ansprüche: Nährstoffreicher, humoser und feuchter Gartenboden.

Kalibos

Aussaat unter Glas: Februar bis März
Auspflanzen: April bis Juni
Direktsaat ins Beet: April
Ernte: ab Juli
Standort: sonnig bis halbschattig
Lagerfähig: nur für kurze Zeit
Besonderheiten: Raschwüchsige und schnell erntereife Sorte, die durch ihre besondere Kopfform auffällt. Durch Kreuzung von Rot- und Spitzkohl entstanden, hat sie die Wuchsform des Spitzkohls geerbt. Bereits vier bis fünf Wochen nach Aussaat können die kleinen, bis 1 kg schweren Köpfe geerntet werden.
Ansprüche: Nährstoffreicher, humoser und feuchter Gartenboden.

Langendijker Dauer 2

Direktsaat ins Beet: April, Verpflanzung an den endgültigen Standort bis Juni
Ernte: ab Oktober (Überwinterung mit Schutz)
Standort: sonnig bis halbschattig
Lagerfähig: bis in den Winter hinein
Besonderheiten: Hervorragende späte Lagersorte mit großen festen Köpfen.
Ansprüche: Nährstoffreicher, humoser und feuchter Gartenboden.

Mammoth Red Rock

Aussaat unter Glas: Februar bis März
Auspflanzen: April bis Juni
Direktsaat ins Beet: April bis Juni
Ernte: ab Oktober
Standort: sonnig bis halbschattig
Lagerfähig: bis in den Winter hinein
Besonderheiten: Traditionelle Sorte mit großen festen Köpfen, die bis zu 4 kg wiegen können. Benötigt lange bis zur Erntereife, daher ist eine frühe Aussaat unter Glas empfehlenswert.
Ansprüche: Nährstoffreicher, humoser und feuchter Gartenboden.

Marner Lagerrot

Aussaat unter Glas: Februar bis März
Auspflanzen: April bis Juni
Direktsaat ins Beet: April bis Juni
Ernte: ab Oktober
Standort: sonnig bis halbschattig
Lagerfähig: bis in den Winter hinein
Besonderheiten: Traditionelle Sorte mit großen festen Köpfen, die sehr witterungsbeständig und platzfest sind.
Ansprüche: Nährstoffreicher, humoser und feuchter Gartenboden.

Rodynda

Aussaat unter Glas: Februar bis März
Auspflanzen: April bis Mai
Direktsaat ins Beet: April bis Mai
Ernte: Juli bis September
Standort: sonnig bis halbschattig
Lagerfähig: bis in den späten Herbst
Besonderheiten: Wüchsige, sehr kurzstrunkige Sorte mit festen mittelgroßen Köpfen. Durch ihren eher süßen Geschmack besonders für Rohkost geeignet.
Ansprüche: Nährstoffreicher, humoser und feuchter Gartenboden.

Schwarzkopf 2

Aussaat unter Glas: Februar bis März
Auspflanzen: April bis Juni
Direktsaat ins Beet: April
Ernte: ab August
Standort: sonnig bis halbschattig
Lagerfähig: nur für kurze Zeit
Besonderheiten: Früh reifende Traditionssorte mit besonders dunkler Färbung der großen festen Köpfe. Eignet sich sehr gut zum Tiefgefrieren.
Ansprüche: Nährstoffreicher, humoser und feuchter Gartenboden.

Topas

Aussaat unter Glas: Februar bis März
Auspflanzen: April bis Mai
Direktsaat ins Beet: Mai
Ernte: August
Standort: sonnig bis halbschattig
Lagerfähig: nur kurz
Besonderheiten: Sorte für den frühen Anbau mit großen runden Köpfen, die auf relativ hohen Strünken sitzen. Am besten sofort verbrauchen.
Ansprüche: Nährstoffreicher, humoser und feuchter Gartenboden.

Marner Lagerrot (Foto: fotolia.de/M. Berg)

Schwarzkopf (Foto: pixelio.de/G. Schönemann)

Kohl (Wirsing)

(Brassica oleracea var. *sabauda)*

Kennzeichen des Wirsings, der in Österreich schlicht Kohl heißt, sind die blasig gekräuselten und gewellten Blätter, die einen lockeren Kopf bilden. Sein Name stammt vom lateinischen Wort „vireus" (grün) ab.

Gesunder Genuss

Die Blätter des Wirsings beziehungsweise Kohls sind sehr zart und zeichnen sich durch einen feinen Geschmack aus. Zudem ist er gut für die schlanke Linie, denn er hat nur 31 kcal pro 100 g. Außerdem enthält er wie alle Kohlsorten reichlich Senfölglykoside, Vitamin A, mehrere verschiedene B-Vitamine und reichlich Vitamin C. Im Vergleich zu Weiß- und Rotkohl enthält er doppelt so viel Eiweiß, Eisen und Phosphor.

Der richtige Standort

Auf einem kalkhaltigen Gartenboden wächst und gedeiht der Wirsing gut. Der pH-Wert sollte zwischen 6,5 und 7,5 liegen.

Anbau

Wirsing (Kohl) wird in Früh-, Sommer-, Herbst- und Winterwirsing unterteilt.

- Der gekrauste Frühwirsing hat einen kleinen, locker geöffneten Kopf und besonders zarte Blätter. Eine seltene Variante ist der Grünvioletter, eine attraktiv gefärbte Sorte. Er stammt vor allem aus der Gegend rund um Verona.

Wirsing ist sehr vielseitig verwendbar und passt zu Fleisch- und Fischgerichten. (Foto: pixelio.de/Wrw)

- Sommerwirsing hat einen lockeren Kopf und große, zarte, nur leicht krause Blätter.
- Die Köpfe des Herbstwirsings hingegen sind relativ geschlossen und auch größer und schwerer als bei den früheren Sorten. Auch sind die Blätter dicker und sehr stark gewellt. Der späte Anbau hat den Vorteil, dass der Wirsing über den Winter eingelagert werden kann, während die Frühsorten nach der Ernte schnell verarbeitet werden müssen.

In der Regel wird Wirsing zwischen März und Mai gesät, im März oder frühen April wird er auf der Fensterbank oder im Gewächshaus vorgezogen. Im Mai können die Pflänzchen dann ins Freiland umgesetzt werden. Für den späten Anbau wird ab Mai/Juni direkt ins Beet gesät.

Wie bei allen Kohlarten ist die Fruchtfolge wichtig. Kohl und andere Kreuzblütler sollen frühestens im dritten Jahr wieder angebaut werden, in den Jahren danach sind Kartoffeln und Leguminosen wie Erbsen oder Bohnen gute Folgefrüchte.

Ernte

Vom Spätsommer bis zum Frostbeginn kann geerntet werden. Wirsing verträgt aber auch darüber hinaus einige Minusgrade, manche Sorten sogar bis −15 °C. Der Kopf muss nicht unbedingt ganz ausgebildet sein, Wirsing kann auch schon früher geschnitten werden.

Krankheiten und Schädlinge

Die gefährlichste Krankheit für Kohlgewächse und daher auch für Wirsing ist die Kohlhernie. Weitere Schädlinge sind Erdflöhe und die Kohlfliege. Auch der Kleine Kohlweißling ist häufig an Wirsingkohl zu finden. (Weitere Informationen zu Krankheiten und Schädlingen siehe Seite 62)

Empfehlenswerte Sorten

Bloemendaalse Gele

Aussaat unter Glas: Februar bis März
Auspflanzen: April bis Juni
Direktsaat ins Beet: April bis Mai
Ernte: ab Oktober
Standort: sonnig bis halbschattig
Lagerfähig: nach der Ernte einige Wochen
Besonderheiten: Aus Holland stammende traditionelle Sorte mit einem lockeren hellgrünen, ovalen Kopf. Der Geschmack ist besonders zart.
Ansprüche: Nährstoffreicher, humoser und feuchter Gartenboden. Regelmäßige Wässerung in Trockenperioden erforderlich.

Bloemendaalse Gele (Foto: Mr. Fothergill's)

Bonner Advent

Aussaat ins Saatbeet: August
Auspflanzen ins Beet: Anfang Oktober
Ernte: Mai des folgenden Jahres
Standort: sonnig bis halbschattig
Lagerfähig: nur kurz, sollte schnell verbraucht werden
Besonderheiten: Alte wiederentdeckte Sorte aus dem Rheinland, die im Spätsommer gesät wird und auf dem Feld überwintert. Sie zeichnet sich durch besonders zarten Geschmack aus und wurde von der Vereinigung „Slow Food" in die „Arche des guten Geschmacks" aufgenommen. Sollte bei stärkerem Frost mit Vlies abgedeckt werden.
Ansprüche: Nährstoffreicher, humoser und feuchter Gartenboden.

Bonner Advent (Foto: pixelio.de/ Echino)

Marner Grüfewi

Aussaat unter Glas: Februar bis März
Auspflanzen: April bis Juni
Direktsaat ins Beet: April
Ernte: ab September
Standort: sonnig bis halbschattig
Lagerfähig: gut über den Winter haltbar
Besonderheiten: Diese traditionelle Sorte hat sehr schöne dunkelgrüne und fein gekrauste Köpfe. Lange haltbarer, frostharter Feldwirsing, auch bei ungünstiger Witterung.
Ansprüche: Nährstoffreicher, humoser und feuchter Gartenboden.

Marner Grüfewi (Foto: Dürr Samen)

Ormskirk (Foto: pixelio.de/ Echino)

Butterkohl

(Brassica oleracea var. costata)

Butterkohl ist ein naher Verwandter des Wirsings (Kohls). Im Vergleich zum Wirsing sind die hellgrünen Blätter des Butterkohls jedoch weicher und schmecken milder. Da der Butterkohl blattweise geerntet werden kann, ist die Nutzung über einen langen Zeitraum bis zum Frost möglich. Aussaat und Anbau entsprechen dem Wirsing; bei früher Aussaat können Sie bereits ab Ende Juni ernten.

Ormskirk

Aussaat unter Glas: Februar bis März
Auspflanzen: April bis Juni
Direktsaat ins Beet: April
Ernte: ab Oktober
Standort: sonnig bis halbschattig
Lagerfähig: gut über den Winter haltbar
Besonderheiten: Traditionelle englische Sorte mit dunkelgrünen, fein gekrausten Köpfen. Recht frostharter Wirsing, der möglichst lange im Beet stehen bleiben sollte.
Ansprüche: Nährstoffreicher, humoser und feuchter Gartenboden.

Samantha

Aussaat unter Glas: März bis April
Auspflanzen: April bis Mai
Direktsaat ins Beet: Mai bis Juni
Ernte: je nach Aussaat ab Juli bis in den Herbst
Standort: sonnig bis halbschattig
Lagerfähig: nur kurze Zeit
Besonderheiten: Neue Sorte mit spitzen Köpfen und stark gekrausten Blättern, die einen sehr milden Geschmack haben. Durch die kurze Kulturzeit kann sie in mehreren Sätzen über die Saison angebaut und geerntet werden.
Ansprüche: Nährstoffreicher, humoser und feuchter Gartenboden.

Vertus 2

Aussaat unter Glas: Februar bis April
Auspflanzen: April bis Mai
Direktsaat ins Beet: April
Ernte: ab September
Standort: sonnig bis halbschattig
Lagerfähig: gut über den Winter haltbar
Besonderheiten: Bewährte Sorte mit großem, festem, grünem bis blaugrünem Kopf. Mittelspäte Ertragssorte für den Herbst.
Ansprüche: Nährstoffreicher, humoser und feuchter Gartenboden.

Vertus (Foto: pixelio.de/ Dr. K.-U. Gerhardt)

Grünkohl

(Brassica oleracea var. *sabellica)*

Der Grünkohl stammt ursprünglich aus dem Mittelmeerraum und von den Westküsten Europas von Portugal bis hinauf nach Nordfrankreich. Er ist von allen verbreiteten Kohlformen der Wildform am ähnlichsten. Er gehört zu den ältesten Kulturpflanzen, denn schon in Griechenland wird 400 v. Chr. ein krausblättriger Blattkohl beschrieben. Seine Ansprüche an Klima und Boden sind geringer als bei den anderen Kohlarten. In Mittel- und Nordeuropa entwickelte sich Grünkohl zu einer wichtigen Nahrungspflanze für die einfache Landbevölkerung.

Grünkohl wurde bei den Römern Sabellinischer Kohl genannt. (Foto: fotolia.de/A. Gutjahr)

Der richtige Standort

Grünkohl ist sehr widerstandsfähig und nimmt auch weniger gute Bodenbedingungen nicht übel. Sonne und ein mittelschwerer Lehmboden sind allerdings beste Voraussetzungen für eine gute Ernte.

In Mischkultur verträgt sich der Grünkohl ausgezeichnet mit benachbarten Tomaten, Stangenbohnen, Spinat, Sellerie, Rhabarber, Radieschen, Salat, Lauch, Gurken und Erbsen.

Namensvielfalt

Je nach Region ist Grünkohl unter verschiedenen lokalen Bezeichnungen bekannt, zum Beispiel als Braunkohl, Federkohl, Krauskohl und Winterkohl. In Ostwestfalen-Lippe spiegelt der Name Lippische Palme den Wuchs wider, weiter nördlich wird der Grünkohl Oldenburger oder Friesische Palme genannt. Besonders in Norddeutschland gilt Grünkohl als das Wintergemüse schlechthin und wird dort bereits seit vielen Jahrhunderten angebaut. Aufzeichnungen künden von öffentlichen Grünkohlessen in Bremen bereits seit 1545.

Anbau

Grünkohl ist eine schnellwüchsige Blattkohlart. Er verträgt mehr Frost als die meisten anderen Kohlarten, nämlich bis zu –15 °C. Wie alle Blattkohle bildet Grünkohl keinen Kopf aus. Im ersten Jahr entwickelt sich der Spross mit einer endständigen Blattrosette, erst im zweiten Jahr blüht er. Je nach Länge des Sprosses, der als Strunk bezeichnet wird, unterscheidet man niedrige, halbhohe und hohe Sorten. Man sät ihn am besten erst ab Mitte Mai ins Saatbeet in Reihen und pikiert die Sämlinge später auf 40–50 cm Abstand.

Krankheiten und Schädlinge

Grünkohl wird besonders gern von kleinen, metallisch dunkelblau schimmernden Käfern, den Erdflöhen, befallen. Zur Abwehr kann Wermutbrühe oder Rainfarntee gespritzt werden. Kohlfliegen und weiße Fliegen werden am wirkungsvollsten durch ein Schutznetz abgehalten. (Weitere Informationen zu Krankheiten und Schädlingen siehe Seite 62)

Wie bei allen Kohlarten sollte auf der gleichen Fläche, auf der Kohlarten angebaut wurden, drei bis fünf Jahre auch kein Grünkohl angebaut werden.

Düngung

Grünkohl wächst am besten in nahrhaftem, nicht zu schwerem Boden, der gut mit Kompost oder Stallmist angereichert wurde. Bereits im zeitigen Frühjahr sollte man das Beet zusätzlich mit Kalk versorgen, um der Kohlhernie vorzubeugen.

Um den Kohl während seines Wachstums mit genügend Nahrung zu versorgen, ist eine Nachdüngung mit Pflanzenjauchen sinnvoll.

Ernte

Grünkohl kann den ganzen Winter über geerntet werden; mit dem Beginn der Ernte sollte bis nach den ersten wirklich kalten Nächten gewartet werden. Frost ist entgegen der landläufigen Meinung nicht notwendig, der Zuckergehalt der Kohlblätter steigt auch bei Temperaturen über 0 °C an. Allerdings geschieht dies nur bei lebenden Pflanzen, daher macht es keinen Sinn, den Kohl früh zu ernten und in der Tiefkühltruhe zu lagern.

Empfehlenswerte Sorten

Curly Scarlet

Direktsaat ins Beet: Mai bis Juni
Ernte: ab November bis Februar (Schutz im Winter)
Standort: sonnig bis halbschattig
Lagerfähig: einige Tage; eignet sich gut zum Tiefgefrieren
Besonderheiten: Rotblättrige Sorte des Grünkohls mit feinen krausen Blättern und halbhohem Wuchs. Die rote Färbung verwandelt sich beim Kochen wieder in das übliche Grün.
Ansprüche: Nährstoffreicher, humoser und feuchter Gartenboden.

Frostara

Direktsaat ins Beet: Mai bis Juni
Ernte: ab November bis Februar (Schutz im Winter)
Standort: sonnig bis halbschattig
Lagerfähig: einige Tage; eignet sich gut zum Tiefgefrieren
Besonderheiten: Sehr frostharte, mittelhohe Sorte mit frischgrünen, stark gekrausten Blättern.
Ansprüche: Nährstoffreicher, humoser und feuchter Gartenboden.

Curly Scarlet (Foto: K. Adams)

Frostara (Foto: pixelio.de/S. Pelz)

Lerchenzungen (Foto: pixelio.de/S. Fries)

Toskanischer Palmkohl

(Brassica oleracea var. *palmifolia)*

Dem Grünkohl etwas ähnlich, aber nicht frosthart, ist der Palmkohl. Er gilt als Vorfahr unter anderem des Grünkohls und wurde schon zur Zeit der Römer angebaut und verwendet. Traditionell wird er auch heute noch viel in Norditalien, besonders in der Toskana, angebaut.
Aussaat und Anbau werden genau wie bei Grünkohl gehandhabt, allerdings muss er vor dem ersten Frost geerntet werden. Die Blätter lassen sich gut tiefgefrieren, nachdem sie kurz blanchiert wurden. Palmkohl ist im Geschmack milder als Grünkohl. Die fein geschnittenen Blätter können auch für Salate oder kurz gekochtes Gemüse verwendet werden. Eine bekannte Spezialität aus Palmkohl ist die portugiesische Kohlsuppe „Caldo Verde".

Palmkohl (Foto: K. Adams)

Lerchenzungen

Direktsaat ins Beet: Mai bis Juni
Ernte: ab November bis Februar
Standort: sonnig bis halbschattig
Lagerfähig: einige Tage; eignet sich gut zum Tiefgefrieren
Besonderheiten: Halbhohe Sorte mit langen, schmalen, gekrausten Blättern, kann wegen der guten Winterhärte über eine längere Zeit geerntet werden.
Ansprüche: Nährstoffreicher, humoser und feuchter Gartenboden.

Ostfriesische Palme

Direktsaat ins Beet: Mai bis Juni
Ernte: ab November bis Februar
Standort: sonnig bis halbschattig
Lagerfähig: einige Tage; eignet sich gut zum Tiefgefrieren
Besonderheiten: Hochwachsende Federkohlsorte mit dunkelgrünen, grob gefiederten Blättern.
Ansprüche: Nährstoffreicher, humoser und feuchter Gartenboden.

Westerländer Winter

Direktsaat ins Beet: Juni bis Juli
Ernte: ab Oktober bis Februar
Standort: sonnig bis halbschattig
Lagerfähig: einige Tage; eignet sich gut zum Tiefgefrieren
Besonderheiten: Sehr frostharte, halbhohe Sorte mit eher hellen, stark gekrausten Blättern.
Ansprüche: Nährstoffreicher, humoser und feuchter Gartenboden.

Winnetou

Direktsaat ins Beet: Mai bis Juni
Ernte: ab November bis Februar
Standort: sonnig bis halbschattig
Lagerfähig: einige Tage; eignet sich gut zum Tiefgefrieren
Besonderheiten: Hohe Sorte mit langen, schmalen, gekrausten Blättern; kann wegen der besonders guten Winterhärte über eine längere Zeit geerntet werden.
Ansprüche: Nährstoffreicher, humoser und feuchter Gartenboden.

Dekoratives Gemüse fürs Blumenbeet

Grünkohl und Palmkohl sind so schön, dass sie auch in Blumenbeeten und Rabatten eine gute Figur machen.
Vor allem in Pflanzungen mit Einjährigen lassen sie sich hervorragend als markante Leitpflanzen verwenden, die dem Beet Struktur und Höhe geben. Besonders gern werden die rotlaubigen Sorten des Grünkohls verwendet, mit denen sich raffinierte Farbkompositionen kreieren lassen. Aber auch der Palmkohl mit seinen blaugrünen Blättern ist mindestens so dekorativ wie wohlschmeckend. Er wird mit seinen überhängenden Blättern gern für die Bepflanzung von Kübeln verwendet. Und wenn der erste Frost den bunten Blüten ein Ende bereitet, ist auch der Kohl für die Ernte bereit.

Kohl setzt Akzente. (Foto: K. Adams)

Collard Greens

(Brassica oleracea var. *acephala)*

Für diese Gruppe aus der großen Kohlfamilie gibt es keine bekannte deutsche Bezeichnung. Am ehesten könnte man sie als Blattkohle bezeichnen, im Gegensatz zu den Kopfkohlen wie Weiß- und Rotkohl. Anders als Grünkohl bilden Collards, wie sie auch genannt werden, keinen längeren Spross aus, sondern entwickeln sich zunächst wie die Kopfkohle mit einem kurzen Strunk. Danach bilden sie aber keine Köpfe aus, sondern die Blätter stehen mehr oder weniger rosettenartig um den Strunk.

Anbau und Ernte

Der Anbau von Collard Greens unterscheidet sich nicht von Weißkraut- oder Wirsingsorten. Da sie ein wenig Frost vertragen, können sie ab Spätsommer bis in den Winter hinein geerntet werden. Dabei kann man kontinuierlich und über einen längeren Zeitraum die äußeren Blätter ernten, sodass man immer die benötigte Menge frisch zur Hand hat. Die relativ zarten Blätter schmecken weniger streng als die klassischen Kohlarten. Wenn stärkerer Frost droht, kann man alles ernten, blanchieren und einfrieren.

TIPP **Diese wohlschmeckende und genauso leicht wie andere Kohlarten zu kultivierende Gruppe ist es wert, auch bei uns häufiger angebaut zu werden, vor allem auch wegen der guten Hitze- und Trockentoleranz.**

Collard Greens bekommt man in amerikanischen und kanadischen Supermärkten oft als Bündel verschiedener Sorten zu kaufen. Wegen ihres milden Geschmacks werden sie zudem gern als Bestandteil in grünen Smoothies eingesetzt.

Blätter verschiedener Collard Greens (Foto: Wikimedia.org/USDA)

Empfehlenswerte Sorten

Champion

Direktsaat ins Beet: Ende April bis Mai
Ernte: ab September
Standort: sonnig bis halbschattig
Lagerfähig: einige Tage; eignet sich gut zum Tiefgefrieren
Besonderheit: Lockerwüchsige Sorte
Ansprüche: Nährstoffreicher Gartenboden. Wässerung in Trockenperioden ist sinnvoll.

Georgia Southern

Direktsaat ins Beet: Ende April bis Mai
Ernte: ab September
Standort: sonnig bis halbschattig
Lagerfähig: einige Tage; eignet sich gut zum Tiefgefrieren
Besonderheiten: Traditionelle Sorte der amerikanischen Südstaaten mit länglichen dunkelgrünen Blättern, die relativ kompakte Rosetten bilden.
Ansprüche: Nährstoffreicher Gartenboden. Wässerung in Trockenperioden ist sinnvoll.

Morris Heading

Direktsaat ins Beet: Ende April bis Mai
Ernte: ab September
Standort: sonnig bis halbschattig
Lagerfähig: einige Tage; eignet sich gut zum Tiefgefrieren
Besonderheiten: Kräftig wachsende Sorte, deren große und dicke dunkelgrüne Blätter einen lockeren Kopf ausbilden.
Ansprüche: Nährstoffreicher Gartenboden. Wässerung in Trockenperioden ist sinnvoll.

Vates

Direktsaat ins Beet: Ende April bis Mai
Ernte: ab September
Standort: sonnig bis halbschattig
Lagerfähig: einige Tage; eignet sich gut zum Tiefgefrieren
Besonderheiten: Lockerwüchsige Sorte mit großen mittelgrünen Blättern und helleren Mittelrippen.
Ansprüche: Nährstoffreicher Gartenboden. Wässerung in Trockenperioden ist sinnvoll.

Kohlsprossen (Rosenkohl)

(Brassica oleracea var. *gemmifera)*

Als jüngster Kohlvertreter sind die Kohlsprossen beziehungsweise der Rosenkohl erst seit dem 18. Jahrhundert bekannt. Nach seiner mutmaßlichen Herkunft heißt er auch Brüsseler Kohl. Bei ihm sind die früheren Seitentriebe zu kleinen Köpfchen aus dicht stehenden Blättern mutiert, die jeweils unter den Blattachseln sitzen. Der Strunk kann eine Höhe von bis zu 70 cm erreichen.

Gesunder Genuss

Kohlsprossen (Rosenkohl) haben zwar etwas mehr Kalorien als seine Verwandten, sind dafür aber sehr wertvolle Vitamin- und Mineralstoffspender. Sie sind besonders reich an Vitamin A, B_1, B und C und enthalten doppelt so viel Kalium und Eisen wie Weißkohl.

Der richtige Standort

Rosenkohl bevorzugt einen sehr nährstoffreichen Boden, optimal ist sandiger Lehmboden. Von April bis Mai kann Rosenkohl direkt in ein Saatbeet ins Freiland oder ins Frühbeet dünn ausgesät werden. Frühestens ab Mitte Mai wird er an den endgültigen Standort verpflanzt. Pflanzt man zu früh, bilden sich keine festen Röschen aus.

Anbau

Häufiges Hacken fördert die Wurzelbildung und damit die Standfestigkeit der Pflanze. Besonders im Herbst, wenn die Röschen sich auszubilden beginnen, müssen Sie bei Trockenheit ausreichend wässern. Wenn sich die ersten Röschen herausgebildet haben, entfernen Sie die Triebspitze, damit sich die Röschen stärker entwickeln.

Gute Nachbarn bei der Mischkultur sind Kartoffeln, Spinat, Salat, Erbsen, Sellerie und Rote Bete.

Ernte

Je nach Sorte kann ab Ende September geerntet werden. Leichte Fröste machen dem Rosenkohl nichts aus, abwechselnde starke Fröste und milde Zeiträume beeinträchtigen die Qualität allerdings. Daher sollte man die Röschen rechtzeitig ernten und bei Bedarf blanchieren und einfrieren.

Empfehlenswerte Sorten

Groninger

Aussaat: April bis Mai ins Saatbeet/Kalten Kasten
Ernte: ab Oktober
Standort: sonnig bis halbschattig
Lagerfähig: einige Tage; eignet sich gut zum Tiefgefrieren
Besonderheiten: Bewährte, sehr ertragreiche Landsorte, die für einen sicheren Ertrag möglichst früh gesät werden sollte.
Ansprüche: Nährstoffreicher, humoser und feuchter Gartenboden.

Groninger (Foto: fotolia.de/J.-M. Polese)

Hilds Ideal (Foto: fotolia.de/Monkey Business)

Noisette

Aussaat: April bis Mai ins Saatbeet/Kalten Kasten
Ernte: ab Oktober
Standort: sonnig bis halbschattig
Lagerfähig: einige Tage; eignet sich gut zum Tiefgefrieren
Besonderheiten: Historische Sorte mit kleinen Röschen, die sich durch ein nussiges Aroma auszeichnen.
Ansprüche: Nährstoffreicher, humoser und feuchter Gartenboden.

Roodnerf

Aussaat: April bis Mai ins Saatbeet/Kalten Kasten
Ernte: ab Oktober
Standort: sonnig bis halbschattig
Lagerfähig: einige Tage; eignet sich gut zum Tiefgefrieren
Besonderheiten: Mittelhohe Sorte, die für einen sicheren Ertrag möglichst früh gesät werden sollte.
Ansprüche: Nährstoffreicher, humoser und feuchter Gartenboden.

Hilds Ideal

Aussaat: April bis Mai ins Saatbeet/Kalten Kasten
Ernte: ab Oktober
Standort: sonnig bis halbschattig
Lagerfähig: einige Tage; eignet sich gut zum Tiefgefrieren
Besonderheiten: Bewährte Standardsorte mit mittelgroßen, sehr festen Röschen.
Ansprüche: Nährstoffreicher, humoser und feuchter Gartenboden.

Merkator

Aussaat: April bis Mai ins Saatbeet/Kalten Kasten
Ernte: ab November
Standort: sonnig bis halbschattig
Lagerfähig: einige Tage; eignet sich gut zum Tiefgefrieren
Besonderheiten: Robuste frostharte Sorte mit kleinen festen Röschen, die eng am Strunk sitzen.
Ansprüche: Nährstoffreicher, humoser und feuchter Gartenboden.

Roodnerf (Foto: fotolia.de/K. Rütten)

Rubine (Foto: Mr. Fothergill's)

Rubine

Aussaat: April bis Mai ins Saatbeet/Kalten Kasten
Ernte: ab Oktober
Standort: sonnig bis halbschattig
Lagerfähig: einige Tage; eignet sich gut zum Tiefgefrieren
Besonderheiten: Attraktive violette Sorte, deren Farbe sich erst nach dem ersten Frost entwickelt und auch beim Kochen erhalten bleibt.
Ansprüche: Nährstoffreicher, humoser und feuchter Gartenboden.

Kohlrabi

(Brassica oleracea var. *gongylodes)*

Der Kohlrabi ist vermutlich aus einer Kreuzung eines Wildkohls mit der wilden weißen Rübe entstanden. Die für den Verzehr genutzte Knolle ist eine starke Verdickung des Sprosses (Strunks). Kohlrabi gibt es als weiße und blaue Knollen, wobei die weißen Sorten sehr viel häufiger im Handel erhältlich sind.

Gesunder Genuss

Kohlrabi ist beliebt wegen seines etwas feineren Kohlgeschmacks. Er kann roh und gekocht verzehrt werden. Der Kohlrabi ist reich an Vitamin C, Magnesium und Kalzium.

Der richtige Standort

Wie alle Kohlarten bevorzugt Kohlrabi nahrhaften, lockeren Boden. Bei Bedarf sollte man reichlich reifen Gartenkompost oder gut verrotteten Stallmist unterarbeiten. Den pH-Wert saurer Böden können Sie durch Kalkgaben erhöhen.

Anbau

Das Saatgut wird bei Aussaat ab Mai direkt an Ort und Stelle in Reihen ausgesät, die Sämlinge später im Abstand von 25 cm versetzt. Frühsaaten ab Anfang März werden zunächst unter Glas vor-

Schädlinge und Krankheiten

Unter den Krankheiten hat die Kohlhernie herausragende Bedeutung. Die typischen Wucherungen an der Wurzel mit anschließender Welke der gesamten Pflanze treten besonders bei einer zu engen Fruchtfolge auf. In warmen, trockenen Sommern wird die Mehlige Kohlblattlaus lästig. Kulturschutznetze können den Schaden am besten begrenzen. (Weitere Informationen zu Schädlingen und Krankheiten siehe Seite 62)

gezogen. Unregelmäßiges Gießen führt zum Aufplatzen der Knollen, zu wenig Feuchtigkeit macht sie holzig.

Ernte

Die Kohlrabiknolle ist bereits etwa acht bis zwölf Wochen nach der Aussaat erntereif. Daher kann man ohne Probleme mehrere Sätze im Garten heranziehen und hat vom Frühsommer bis zum späten Herbst immer frische Knollen.

Blusta (Foto: fotolia.de/J. Bartussek)

Empfehlenswerte Sorten

Blauer Speck

Aussaat: ab März ins Frühbeet, ab Mai Direktsaat
Auspflanzen: ab Ende April
Ernte: etwa zehn Wochen nach Aussaat
Standort: sonnig
Lagerfähig: einige Wochen an einem kühlen Ort
Besonderheiten: Blaue Sorte mit großen, aber sehr zarten Knollen. Für späten Anbau geeignet.
Ansprüche: tiefgründiger, nährstoffreicher Boden.

Blusta

Aussaat: ab März ins Frühbeet, ab April Direktsaat
Auspflanzen: ab Mai
Ernte: 8–10 Wochen nach der Aussaat
Standort: sonnig
Lagerfähig: einige Wochen an einem kühlen Ort
Besonderheiten: Violette, plattrunde Sorte für den Anbau über die gesamte Saison. Die Knollen werden auch bei längerem Stand nicht holzig.
Ansprüche: Nährstoffreicher, humoser und feuchter Gartenboden.

Knaufs Frühweiss

Aussaat: ab Februar unter Glas, ab März ins Frühbeet
Auspflanzen: April bis Mai
Ernte: 60 Tage nach der Aussaat
Standort: sonnig
Lagerfähig: einige Wochen an einem kühlen Ort
Besonderheiten: Zuverlässige Frühsorte für den Freilandanbau und unter Folie mit kräftiger Knollenbildung.
Ansprüche: Tiefgründiger, nährstoffreicher Gartenboden.

Lanro

Aussaat: ab März ins Frühbeet/ab Ende April Direktsaat
Auspflanzen: Mai
Ernte: 8–10 Wochen nach der Aussaat
Standort: sonnig
Lagerfähig: einige Wochen an einem kühlen Ort
Besonderheiten: Ein früher, schossfester, kälteunempfindlicher Kohlrabi für den frühen und späten Anbau. Die weißen Knollen werden nicht so schnell holzig.
Ansprüche: Nährstoffreicher, humoser und feuchter Gartenboden.

Knaufs Frühweiß (Foto: pixelio.de/Pauline)

Essbare Knospen

(Foto: pixelio.de/R. U. Eichler)

Während bei den bisher vorgestellten Kohlarten die Blätter die kulinarische Hauptrolle spielten, werden beim Blumenkohl und beim Brokkoli die Blüten besonders geschätzt. Im knospigen Stadium werden sie geerntet und kommen nach nur kurzer Kochzeit als zartes Gemüse auf den Teller. Neben den bekannten weißen Sorten werden auch grüne und violette Sorten immer beliebter, die etwas kräftiger schmecken und Farbe auf den Tisch bringen.

Brokkoli

(Brassica oleracea var. *italica)*

Der Brokkoli ist dem Blumenkohl sehr ähnlich und auch nahe mit ihm verwandt. Während die Blütenknospen beim Blumenkohl dicht gedrängt an einem einzigen Blütenstand sitzen, ist der Brokkoli verzweigt und bildet an allen Seitentrieben Blütenstände, die im knospigen Zustand geerntet werden. Der Brokkoli ist meist von tiefgrüner bis blaugrüner Farbe, es gibt aber auch violette, gelbe und weiße Sorten. Gegessen werden nicht nur die Blütenknospen, sondern auch die Stängel und die obersten zarten Blättchen.

Ebenso wie Blumenkohl blüht Brokkoli nicht erst im zweiten, sondern schon im ersten Jahr, sofern man die Blütenknospen nicht erntet. Ernte und Ansprüche entsprechen im Wesentlichen dem Blumenkohl.

Bis zum 16. Jahrhundert war der aus Kleinasien stammende Brokkoli in Europa nur in Italien bekannt. Von dort aus gelangte er über Frankreich nach England und den Rest von Europa. Erst im 18. Jahrhundert wurde das Gemüse auch in Amerika eingeführt.

Gesunder Genuss

Brokkoli ist besonders reich an Mineralstoffen wie Kalium, Kalzium, Phosphor, Eisen, Zink und Natrium und enthält außerdem die Vitamine B_1, B_2, B_6, C, E und Provitamin A. Dabei ist er mit 28 kcal pro 100 g äußerst kalorienarm. Weiterhin enthält er, wie alle Kohlarten, zahlreiche sekundäre Pflanzenstoffe, bei denen teilweise eine krebshemmende Wirkung nachgewiesen werden konnte. Um die Inhaltsstoffe möglichst zu erhalten, sollte der Brokkoli nur kurz gegart werden, am besten im Wasserdampf, nicht im Wasser liegend. So behält er seine schöne grüne Farbe und einen knackigen Biss. Da Brokkoli milder schmeckt als Blumenkohl, mögen ihn Kinder meist lieber. Sehr beliebt ist die Kombination mit Möhren.

Der richtige Standort

Brokkoli bevorzugt einen tiefgründigen, mittelschweren, humushaltigen Boden und einen sonnig bis halbschattigen Standort. Während der Kultur sollte der Boden immer wieder gelockert werden. Günstig wirkt sich auch eine Mulchschicht aus, die für eine gleichmäßige Feuchtigkeit im Boden sorgt. Bei anhaltender Trockenheit sollte unbedingt gewässert werden.

Da Brokkoli einen hohen Nährstoffbedarf hat, ist er für eine Nachdüngung mit Pflanzenjauchen zum Zeitpunkt der Knospenbildung dankbar.

Anbau

Ausgesät wird Brokkoli ab Mitte Mai bis Anfang Juni direkt ins Freiland, am besten in Reihen mit 40–50 cm Abstand. Die Jungpflanzen werden später auf 50 cm vereinzelt. Möglich ist auch eine Vorkultur im Frühbeet im April und das Auspflanzen vier Wochen später ins gut mit Nährstoffen versorgte Beet.

Empfehlenswerte Sorten

Calabrese Natalino

Aussaat: März bis Juni in Saatbeet/Kalten Kasten
Auspflanzen ins Beet: Juli
Ernte: ab Juli/September
Standort: sonnig
Lagerfähig: einige Tage im Kühlschrank
Besonderheiten: Traditionelle mittelfrühe, ertragreiche Sorte, die viele Nebentriebe bringt.
Ansprüche: Nährstoffreicher, humoser und feuchter Gartenboden.

Calabrese Natalino (Foto: pixelio.de/Annamartha)

Red Arrow

Aussaat: April bis Mai in Saatbeet/Kalten Kasten
Auspflanzen ins Beet: Juli
Ernte: ab September bis Februar
Standort: sonnig
Lagerfähig: einige Tage im Kühlschrank
Besonderheiten: Interessante Sorte mit roten Blütenknospen, die bei später Aussaat an einem geschützten Standort überwintert und laufend beerntet werden kann.
Ansprüche: Nährstoffreicher, humoser und feuchter Gartenboden.

Karfiol (Blumenkohl)

(Brassica oleracea var. *botrytis)*

In Österreich kennt man ihn als Karfiol, in Deutschland läuft er unter der Bezeichnung Blumenkohl. Die beliebte Kohlart wurde in der Geschichte erstmals im 6. Jahrhundert v. Chr. erwähnt. Sie stammt ursprünglich aus Kleinasien, kam dann über den östlichen Mittelmeerraum und spätestens im 16. Jahrhundert auch nach Italien und von dort aus in alle mitteleuropäischen Gebiete.

Gesunder Genuss

Mit einem Kaloriengehalt von nur 23 kcal pro 100 g ist Karfiol sehr kalorienarm. Er punktet weiterhin mit vielen wertvollen Inhaltsstoffen, beispielsweise Vitamin C, A, E, K und wichtigen Vitaminen der B-Gruppe. Die Mineralien und Spurenelemente Kalzium, Kalium, Natrium, Magnesium, Zink, Kupfer, Selen, Mangan und Eisen machen ihn besonders wertvoll. Wie alle Obst- und Gemüsesorten enthält Blumenkohl darüber hinaus auch eine Vielzahl sogenannter sekundärer Pflanzenstoffe, die nach neuen wissenschaftlichen Erkenntnissen wertvoll für die Gesundheit sind. Die zarte Struktur macht ihn leicht verdaulich und bekömmlich, er ist deshalb besonders geeignet für Kranken- und Schonkost. Zur Erhaltung der wertvollen Nährstoffe muss Blumenkohl möglichst schonend zubereitet werden. Nur so bleibt der Gehalt an Vitaminen und Nährstoffen erhalten. Blumenkohl sollte möglichst frisch verzehrt werden. Im Gemüsefach des Kühlschranks oder im kühlen Keller hält er sich ein bis drei Tage.

Der richtige Standort

Blumenkohl liebt warme, humose Lehmböden mit guter Wasserversorgung. Am besten gedeiht er in sonnigen, geschützten Lagen.

Anbau

Im Anbau unterscheidet man frühe Sorten (Sommerblumenkohl), Herbstblumenkohl und Winterblumenkohl. Ab März können die frühen Sorten im Frühbeet ausgesät werden.

TIPP **Knicken Sie die Blumenkohlblätter ab und legen Sie sie zu Beginn der Kopfbildung über die Blume. Das schützt vor Sonnenbrand.**

Sie werden ab Mitte März ins Beet im Abstand von etwa 50 cm ausgepflanzt und können bereits ab Juli geerntet werden. Die späteren Sorten werden frühestens ab Mitte Mai ausgesät und kommen ab Juni (Herbstblumenkohl) beziehungsweise ab August (Winterblumenkohl) ins Beet. Für die frühen Blumenkohlsorten sollte der Boden bereits im Vorjahr tief gelockert werden.

Krankheiten und Schädlinge

Kohlfliegen mögen Blumenkohl besonders gern. Graben Sie befallene Pflanzen aus und entsorgen sie diese über die Biotonne oder den Restmüll. Erdflöhe treten bei trockenem Wetter vermehrt auf. Abhilfe schafft das Feuchthalten des Bodens. Aufgrund der gefürchteten Kohlhernie und anderer Krankheiten sollte Blumenkohl wie alle anderen Kohlarten höchstens alle vier bis fünf Jahre auf dem gleichen Beet angebaut werden. (Weitere Informationen zu Krankheiten und Schädlingen siehe Seite 62)

Vor- und Mischkultur

Wegen des hohen Nährstoffbedarfs von Blumenkohl eignen sich besonders Hülsenfrüchte wie Erbsen und Bohnen als Kultur für das Jahr davor. In der Mischkultur verträgt sich Blumenkohl gut mit Sellerie, Salat, Wurzelgemüse und Tomaten. Bei den Sorten, die ab Juni ins Freiland kommen, lohnt sich eine Vorkultur aus schnell wachsenden Salaten, die bis dahin abgeerntet sind.

Ernte

Geerntet wird überwiegend ab August. Anders als bei anderen Kohlsorten bildet sich der Blütenstand bereits im ersten Jahr. Man kann Blumenkohl auch im Herbst auspflanzen und im folgenden Sommer ernten, dann ist aber ein guter Frostschutz vonnöten.

Empfehlenswerte Sorten

Neckarperle

Aussaat unter Glas: Februar bis April
Auspflanzen ins Beet: Mai
Ernte: ab Ende Juni

Neckarperle (Foto: pixelio.de/R. Sturm)

Violetter Sizilianer (Foto: pixelio.de/R. Alte)

Standort: sonnig
Lagerfähig: einige Tage im Kühlschrank
Besonderheiten: Zuverlässige Blumenkohlsorte, bildet runde glatte Blumen von reinweißer Farbe. Das kräftige Laub schützt die Blütenknospen.
Ansprüche: Nährstoffreicher, humoser und feuchter Gartenboden.

Violetter Sizilianer

Aussaat ins Saatbeet: Mai bis Juni
Auspflanzen ins Beet: Juli
Ernte: ab Ende August
Standort: sonnig
Lagerfähig: einige Tage im Kühlschrank
Besonderheiten: Die violetten Blumen sind nicht nur optisch ein besonderer Hingucker. Die Sorte ist auch sehr widerstandsfähig.
Ansprüche: Nährstoffreicher, humoser und feuchter Gartenboden.

Weisser Riese

Aussaat unter Glas: Februar bis April
Auspflanzen ins Beet: Mai
Ernte: ab Ende Juni
Standort: sonnig
Lagerfähig: einige Tage im Kühlschrank
Besonderheiten: Hochgewölbte, fein genarbte, schöne Blumen von reinweißer Farbe. Das kräftige Laub schützt die jungen Blumen.
Ansprüche: Nährstoffreicher, humoser und feuchter Gartenboden.

Walcheren Winter 5

Aussaat: Juli ins Saatbeet
Auspflanzen ins Beet: September
Ernte: April bis Mai
Standort: sonnig
Lagerfähig: einige Tage im Kühlschrank
Besonderheiten: Robuste Sorte für den Überwinterungsanbau. Lockere Blume mit geringer Wölbung. Für geschützte, nicht nasse Standorte. Im Herbst anhäufeln.
Ansprüche: Nährstoffreicher, humoser und feuchter Gartenboden.

Winterblumenkohl Selektion Z

Aussaat: August ins Saatbeet
Auspflanzen ins Beet: September
Ernte: Mai
Standort: sonnig
Lagerfähig: einige Tage im Kühlschrank
Besonderheiten: Robuste Selektion aus der Schweiz. Als Winterschutz die Strünke leicht anhäufeln.
Ansprüche: Nährstoffreicher, humoser und feuchter Gartenboden.

Walcheren Winter 5 (Foto: fotolia.de/Y-Tea)

Fernöstliche Varianten

(Foto: pixelio.de/T. Caspary)

Nicht nur in Europa blickt man auf eine lange Kohltradition zurück. In Südostasien züchteten die Menschen sogar noch früher die ersten Kohlsorten. Auch heute gehört Kohl in seiner Vielfalt zur asiatischen Küche. Die asiatischen Kohlgemüse unterscheiden sich von europäischen Varianten durch Aussehen, Wachstumseigenschaften und Geschmack. Hierzulande am bekanntesten ist der China- oder Pekingkohl, doch seit einigen Jahren erobern verschiedene Asiasalate den europäischen Gemüsemarkt. Pak Choi und Mizuna sind inzwischen nicht nur Insidern bekannt, und mit der Beliebtheit der asiatischen Küche nimmt auch der Verbrauch an asiatischen Kohlarten zu. Dabei spielen Wokgerichte eine wichtige Rolle, bei denen das Gemüse nur kurz erhitzt wird. Es bleibt knackig und wichtige Inhaltsstoffe bleiben erhalten.

Pak Choi (Foto: fotolia.de/J. Lee)

TIPP **Gewürzt wird in Asien mit Koriander, Fenchel, Ingwer, Sesam, Kardamom oder einer Currymischung. Diese Gewürze steigern die Verträglichkeit von Kohl.**

Pak Choi (Chinesischer Senfkohl)

(Brassica campestris var. *chinensis)*

Der chinesische Name Pak Choi bedeutet übersetzt Weißes Gemüse. Er wird in China mindestens seit dem 15. Jahrhundert angebaut. Der Name leitet sich von den breiten weißen Stängeln ab, die ein wenig an Mangold erinnern. Pak Choi bildet keinen festen Kopf, sondern eine lockere Blattrosette aus saftig grünen Blättern. Eine Sonderform ist der Tatsoi, dessen dunkelgrüne Blätter und Stängel in einer Rosette flach auf dem Boden aufliegen. Obwohl sein Name es vermuten lässt, ist Pak Choi weder scharf, noch schmeckt er nach Senf.

Gesunder Genuss

In Asien schätzt man Pak Choi vor allem im jungen Stadium. Entweder wird die ganze Pflanze blanchiert oder in geschnittener Form verschiedensten Wokgerichten zugefügt. Empfehlenswert ist Pak Choi auch roh als Salatbeigabe. Die Stängel größerer Pflanzen können wie Spargel zubereitet werden.

Pak Choi enthält viel Kalium, Kalzium, reichlich Carotin, Vitamin C, einige B-Vitamine und außerdem Senföle, die antibiotische, keimtötende und reinigende Wirkung haben.

Der richtige Standort

Wie alle Kohlarten bevorzugt er einen nährstoffreichen, humosen Boden ohne Staunässe. Er bietet sich als Nachkultur von frühen Erbsen an, die den Boden mit Stickstoff anreichern und zum Aussaatzeitpunkt bereits abgeerntet sind.

Anbau

Pak Choi ist eine schnellwüchsige Langtagpflanze. Bei mehr als zwölf Stunden Tageslicht und hohen Temperaturen kommt es leicht zum Schossen, deshalb ist der Anbau im Spätsommer empfehlenswert.

Ernte

Geerntet wird ab September. Frosthart ist Pak Choi nicht, vor dem Wintereinbruch sollte die Ernte abgeschlossen sein. Die leckeren Köpfe halten sich ein bis zwei Wochen.

Chinakohl

(Brassica rapa subsp. *pekinensis)*

Die Herkunft des Chinakohls ist nicht eindeutig geklärt. Er entstand wahrscheinlich aus der Kreuzung von Pak Choi mit einer Speiserübe. Zwar brachten Missionare Samen der Pflanze bereits im späten 18. Jahrhundert nach Europa, sie blieb aber lange Zeit nahezu unbekannt und setzte sich erst in den letzten Jahrzehnten bei uns durch. Heute wird sie als leichte und gut bekömmliche Alternative zum Weißkohl geschätzt, die sowohl roh als auch gekocht verwendet wird.

Gesunder Genuss

Chinakohl ist vitaminreich und kalorienarm und enthält viele Vitamine, vor allem Vitamin C. Auch die Spurenelemente Kalium und Eisen sind gut vertreten. Durch den hohen Gehalt an Senfölen ist der Chinakohl gut verträglich und bläht nicht.

Der richtige Standort

Auch Chinakohl bevorzugt einen nährstoffreichen Boden und mag es eher windgeschützt. Gute Erträge werden auf sonnigen warmen Standorten erzielt, die nicht zum Austrocknen neigen.

Anbau

Der Anbau ist identisch mit dem Anbau von Pak Choi. Erst wenn die Tage kürzer werden, frühestens Mitte Juli, wird Chinakohl ausgesät. Ab Oktober ist er reif. Für einen längeren Anbau- und Erntezeitraum lohnt es sich, die Pflanzen im Frühbeetkasten oder unter einem Folientunnel zu kultivieren. So überlebt er auch einige Minusgrade.

Für den Hausgarten empfehlenswert: Atsuko
(Foto: fotolia.de/M. Möller)

Dekoratives in Kübeln und Töpfen

(Foto: fotolia.de/ Prentiss40)

Nicht jeder hat einen großen Nutzgarten zur Verfügung; gerade in der Stadt müssen sich viele Menschen mit einem Balkon oder einer kleinen Terrasse zufriedengeben. Trotzdem muss man auch in diesem Fall nicht auf frisches Gemüse verzichten. Generell können fast alle Gemüsearten in Kübeln angepflanzt werden, vorausgesetzt diese sind groß und tief genug, um den Wurzeln ausreichend Entwicklungsmöglichkeiten zu geben.

TIPP **Probieren Sie einmal eine gemischte Pflanzung mit verschiedenen Salaten aus, die zuerst geerntet werden und dann Platz für die größer werdenden Kohlpflanzen machen.**

Kleinere, flach wurzelnde Sorten gibt es für Kästen. (Foto: pixelio.de/ P. v. Bechen)

Gemüse-Kunstwerke

Die verschiedenen Kohlarten sind so dekorativ, dass sie durchaus mit Zierpflanzen mithalten können, die üblicherweise auf Balkon und Terrasse kultiviert werden. Die fedrigen Blattstände des Grünkohls sind echte Kunstwerke der Natur, und durch die rotlaubigen Sorten kommt noch zusätzlich Farbe ins Spiel. Sehr beeindruckend ist auch der Toskanische Palmkohl, der mit seiner imposanten Gestalt das Zeug zum Solisten im Kübel hat. Von den Kohlarten benötigt der Kohlrabi am wenigsten Platz, er teilt sich den Balkonkasten mit kleinwüchsigen Blumen wie Stiefmütterchen im Frühling oder Lobelien und Duftsteinrich im Sommer.

So wird's gemacht

Bei der Füllung der Gefäße verwenden Sie gute Gartenerde oder torffreie Erde aus dem Handel, der Sie etwa ein Drittel reifen Kompost beimischen. Sind große Kübel zu füllen, kann die unterste Schicht aus verrottetem Laubkompost bestehen. Auch im Hochbeet wird zunächst eine dicke Schicht Häckselgut und Laubkompost eingefüllt, darauf kommt dann das Kultursubstrat. Eine kräftige Aufdüngung mit Kompost und etwas Hornspänen leistet gute Starthilfe. Später wird dann noch einmal mit Pflanzenjauchen nachgedüngt, damit sich die Köpfe gut entwickeln.

Ganz wichtig: Versorgen Sie Ihr Kübelgemüse gut mit Wasser, denn durch das geringe Volumen trocknen die Kübel schneller aus.

Für Experimentierfreudige

Seit Kurzem ist eine ganz neue Kohlart auf dem Markt. Sie ist in England durch die Kreuzung von Rosenkohl und Blattkohlen, also Grünkohl und Palmkohl, entstanden und läuft dort unter der Bezeichnung „Kale". Seit Frühjahr 2011 ist das Saatgut für den Hobbygärtner erhältlich und wird unter dem Namen Petit Posy vertrieben. Von der Wuchsform her ähnelt Flower Sprout dem Rosenkohl. An einem starken geraden Stängel entwickeln sich in den zahlreichen Blattachseln kleine Röschen, die aber nicht fest gefüllt sind wie beim Rosenkohl, sondern locker und mit gekrausten und gerüschten Rändern versehen. Dazu sind die Pflanzen sehr farbenfroh, es kommen alle Typen von Frischgrün bis Dunkelrot vor, teilweise auch mehrfarbige. Flower Sprout wurde mit ganz traditionellen Kreuzungstechniken gezüchtet, bereits 1995 fanden dazu die ersten Versuche in Surrey statt, aber erst 15 Jahre später hatte man erbgutstabile Pflanzen erzeugt und genügend Saatgut, um damit in den Markt zu gehen.

Flower Sprout Petit Posy – eine attraktive Spezialität (Foto: Suttons Seeds)

Vielfältige Nutzung

Durch ihre schmale hohe Wuchsform können Flower Sprouts auch bei wenig Platz kultiviert werden. Sie machen auch eine gute Figur im Sommerblumenbeet, ebenso wie die attraktiven rotlaubigen Grünkohlsorten. Ist die Blumenpracht gegen Ende des Herbstes vorbei, bleiben die Kohlpflanzen als Zierde und Gemüselieferant bis Ende des Winters stehen.

Überzeugend

Der Geschmack der Röschen ist weniger streng als beim Rosenkohl. Für Menschen, die Rosenkohl deswegen nicht mögen, könnten Flower Sprouts eine gute Alternative darstellen. Die Pflanzen sind ab Oktober erntereif und können den Winter über im Beet stehen bleiben, denn sie sind wie Rosenkohl und Grünkohl völlig winterhart. Die Röschen können einzeln nach Bedarf geerntet und verarbeitet werden.

Für die Küche

In der Küche werden Flower Sprouts wie Rosenkohl verarbeitet; man kann sie klassisch im Topf, am besten in einem Dampfeinsatz, kochen. Ebenso lassen sie sich gut einfrieren.

Gesunde Pflanzen rund ums Jahr

Pflanzenschutz im Gemüseanbau beginnt lange bevor die Pflanzen auf dem Beet stehen. Mit vorbeugenden Maßnahmen kann häufig ein Befall bereits im Vorfeld verhindert oder abgemildert werden. Die richtigen Pflanzpartner, der passende Standort und gute Pflege sind wichtige Voraussetzungen für ein gesundes Gedeihen.

Stellt sich dennoch eine Krankheit oder ein Schädling ein, kann ein biologischer Pflanzenschutz Abhilfe schaffen.

(Foto: fotolia.de/ R. Ullrich)

Die Natur im Blick

(Foto: K. Adams)

Schädlinge und Krankheiten treten im Garten immer wieder auf und können oft sogar den Gemüseertrag schmälern. Pflanzen, die beispielsweise auf dem falschen Standort stehen, unter Wassermangel leiden oder zu dicht gesetzt wurden, können einem Befall nichts entgegensetzen; gesunde, gut entwickelte Pflanzen sind dagegen widerstandsfähig genug, um einen „Angriff" unbeschadet zu überstehen.

So bleiben die Pflanzen gesund

Günstige Klima- und Bodenverhältnisse ❧ fördern eine gute Wurzel- und Blattentwicklung und ein rasches Wachstum. Kohlarten bevorzugen einen humusreichen und tiefgründigen Boden.

Windgeschützte Lagen ❧ trocknen nicht so schnell aus; eine Mulchdecke hilft ebenfalls, die Feuchtigkeit im Boden zu halten. Wählen Sie in heißen Lagen eher einen halbschattigen Standort aus, denn dort gedeiht der Kohl auf jeden Fall besser als in trockener Hitze.

Aussaat im Freien ❧ ist erst dann empfehlenswert, wenn die Temperaturen hoch genug sind, um eine rasche Entwicklung der Sämlinge zu gewährleisten. Auch die Keimung verläuft bei höheren Temperaturen in der Regel zügiger, was zu kräftigeren Pflanzen führt.

Ausgewogene Nährstoffversorgung ❧ ist gerade bei Kohl besonders wichtig. Kohl benötigt viele Nährstoffe, aber bei einseitiger Düngung oder Überdüngung kommt es zur Fehlernährung der Pflanzen, die in der Folge anfälliger für Erkrankungen werden und es den saugenden und fressenden Schädlingen besonders einfach machen. Verwenden Sie ausschließlich organische Dünger. Diese bieten ein breites Nährstoffangebot und stellen eine Langzeitversorgung sicher.

Wässern ❧ Sie bei Bedarf gründlich und durchdringend. Am besten werden die Pflanzen frühmorgens gewässert, weil ihr Laub dann schneller wieder abtrocknet und Pilzsporen sich nicht ansiedeln können.

Naturnaher Pflanzenschutz

Man muss nicht zur Chemie greifen, um Schädlinge und Krankheiten abzuwehren und in Schach zu halten. Oft helfen natürliche Stärkungsmittel, die Pflanzen gesünder zu erhalten. Die Förderung von Nützlingen hat sich ebenso bewährt, und oft kann man Schädlingen den Zugang durch einfache mechanische Barrieren verwehren.

Pflegen und bearbeiten ❧ Sie die Beete bereits im zeitigen Frühjahr, um Larven und Schnecken in ihrer Entwicklung zu stören. Auf einem gut vorbereiteten Saatbeet laufen die Saaten zügiger auf und bieten tierischen und pilzlichen Schädlingen weniger Zeit zum Angriff.

Mischkulturen und Fruchtwechsel ❧ tragen zu einer besseren Pflanzengesundheit bei. Bei der Mischkultur schützen sich benachbarte Pflanzen gegenseitig, und bei sinnvollen Fruchtwechselfolgen werden die Gemüsekulturen gut ernährt, während Krankheiten sich nicht über mehrere Jahre festsetzen und ausbreiten können.

Nützlinge fördern

Massenhaft kommen Schädlinge nur dort vor, wo sie sich ungestört vermehren können, weil ihnen die Fressfeinde fehlen. Daher ist es sinnvoll, diese Gegenspieler zu fördern. Sorgen Sie für Unterschlupf- und Brutmöglichkeiten zwischen den Gemüsekulturen. Nistkästen für Meisen und andere Insektenfresser sollten ebenso Platz im Garten finden wie Verstecke für Marienkäfer, Ohrwürmer und andere Helfer. Oft genügen schon ein paar umgedrehte Blumentöpfe mit Stroh, die auf einen Stecken gehängt werden. Auch in Trockenmauern oder Stein- oder Dachziegelhaufen finden Nützlinge aller Art ein passendes Quartier.

Brühen und Jauchen

Pflanzenjauchen, Spritzbrühen und Kräuterauszüge sind leicht herzustellen, preiswert und wirkungsvoll. Sie helfen, Schädlinge und Krankheiten unserer Gartenpflanzen auf natürliche Weise in den Griff zu bekommen. Allerdings liegt der Schwerpunkt auf der vorbeugenden Wirkung. Sollte ein Befall mit Schädlingen festgestellt werden, ist eine wöchentliche Anwendung sinnvoll. Da diese Mittel auch pflanzenstärkend sind, kann man sie ohnehin wiederholt einsetzen.

Selbst gemacht

Bei der Herstellung von Brühen, Jauchen und Auszügen gilt als Faustregel das Verhältnis von 1 kg frischen oder 200 g getrockneten Pflanzen zu 10 l Wasser. Verwenden Sie am besten Regenwasser.

Frische oder getrocknete Pflanzen, die zum Teil im eigenen Garten, aber auch in der Natur gesammelt werden können, sind die Grundlage dieser natürlichen Mittel.

Jauche ❧ ist ein flüssiger Dünger oder Pflanzenstärkungsmittel, bei dem der Ansatz aus Wasser und Pflanzen in einem Gefäß vergärt. Das verwendete Gefäß darf nicht bis zum Rand gefüllt sein, da die Jauche während der Gärung schäumt. Am besten steht der Behälter an einem sonnigen Standort.

Nach zwei bis drei Wochen und täglichem Umrühren ist die Gärung abgeschlossen, die Jauche kann nun abgegossen werden. Zum Verjauchen eignen sich Rainfarn, Brennnesseln, Beinwell, Schachtelhalm, Löwenzahn und Schnittlauch. Jauche wird bei möglichst trübem Wetter im Wurzelbereich der Pflanzen gegossen.

Netze schützen Kohlpflanzen vor Schädlingen. (Foto: K. Adams)

Krankheiten und Schädlinge erkennen

(Foto: fotolia.de/Bluestock)

Kohlhernie

Die Kohlhernie wird durch den Pilz *Plasmodiophora brassicae* verursacht und zählt zu den gefährlichsten Kohlkrankheiten überhaupt. Besonders gefährdet sind Kulturen auf sauren Böden und nach Frischmistgaben. Der Pilz kann im schlimmsten Fall über zehn Jahre im Boden überleben.

Symptome Die Pflanzen welken vor allem bei trockener und warmer Witterung, das Laub färbt sich blaugrün, Verdickungen und Wucherungen sind an den Wurzeln zu sehen. Die Wucherungen sind zunächst weiß und verfärben sich im Lauf ihrer Entwicklung bräunlich, die Wurzeln sterben ab.

Schadsymptome der Kohlhernie
(Foto: Wikimedia.org/Rasbak)

Verbreitung Die Einschleppung und Verbreitung erfolgt häufig durch infizierte Jungpflanzen, durch nicht abgelagerten Stallmist oder durch an Schuhen oder Werkzeug anhaftende Erde.

Abwehr Achten Sie auf eine weite Fruchtfolge. Kohl sollte mindestens 4–5 Jahre nicht an derselben Stelle kultiviert werden. Saure Böden kann man mit Kalk auf einen höheren pH-Wert bringen. Entfernen Sie erkrankte Pflanzen und befallene Kohlstrünke; sie dürfen aber nicht auf dem Kompost landen.

Blattfleckenkrankheiten

Blattfleckenkrankheiten sind die wichtigsten Krankheiten an Chinakohl und Weißkraut, die besonders bei feuchter Witterung und in niederschlagsreichen Gebieten verstärkt auftreten. Pilze verursachen an Kohlgewächsen Blattflecken, die allmählich zum Absterben führen. Größere Schäden sind aber eher die Ausnahme, da der Befall meist erst spät im Jahr auftritt.

Symptome Die Pilze befallen zuerst die äußeren Blätter. Das Schadbild ähnelt zu Beginn dem Falschen Mehltau. Es bilden sich zunächst kleine braun-graue Flecken, die sich in der Folge vergrößern und zusammenfließen. Sie werden dann beige-grau und fühlen sich papierähnlich an.

Verbreitung ❧ Die Pilze werden durch infizierte Pflanzenreste im Boden, Saatgut und durch andere Kreuzblütler eingeschleppt. Danach erfolgt die Verbreitung durch Wasserspritzer, Wind und Kulturarbeiten.

Abwehr ❧ Achten Sie auf eine harmonische Nährstoffversorgung und vermeiden Sie eine zu hohe Stickstoffversorgung. Halten Sie eine weite Fruchtfolge ein und entfernen Sie alle Beikräuter regelmäßig. Eine Bekämpfung ist bei schwachem Befall nicht erforderlich.

Mehlige Kohlblattlaus

Diese Blattlausart ist einer der schlimmsten Schädlinge am Kohl. Man findet sie ab Juni an sämtlichen Kohlgewächsen, aber auch an anderen Kreuzblütlern.

Schadbild ❧ Die graugrünen Läuse saugen dicht gedrängt in Kolonien an den Blättern. Als Folge davon kann es zu Verkrüppelungen und Vergilbungen der Blätter kommen. Stark befallene Pflanzen bleiben kümmerlich. Sie überwintern in stehen gelassenen Strünken und Stängeln.

Abwehr ❧ Sorgfältiges Abernten und Entfernen von Strünken erschwert die Überwinterung. Behandeln Sie zu Befallsbeginn mit einer Schmierseife-Spiritus-Lösung, anschließend Gesteinsmehl verabreichen.

Großer Kohlweißling

Neben Kohlarten sind es auch andere Kreuzblütler, die vom Großen Kohlweißling befallen werden. Auch an Kapuzinerkresse kann man die Larven entdecken.

Schadbild ❧ Die weißen Schmetterlinge legen ihre gelben Eigelege in der Regel im Hochsommer an die Blattunterseiten von Kohlgewächsen. Die Raupen zerfressen die Blätter vom Blattrand her nach innen, während die Blattadern meist stehen bleiben. Abgefressen werden nur die äußeren Blätter.

Abwehr ❧ Suchen Sie die Pflanzen regelmäßig ab, zerdrücken Sie die Eigelege und sammeln Sie die Raupen auf. Da die inneren Blätter nicht angenagt werden, ist der Schaden eher gering.

Kleine Kohlfliege

Jährlich können bis zu drei Generationen der Kleinen Kohlfliege an Kohlpflanzen auftreten.

Schadbild ❧ Die Kohlfliege legt ihre Eier an den Wurzelhals von Kohlgewächsen, die geschlüpften Larven fressen an den Wurzeln. Die Pflanzen kümmern und können keine vollständigen Köpfe mehr ausbilden.

Abwehr ❧ Zeitiges Auspflanzen begrenzt den Schaden. Ziehen Sie Schutznetze sofort nach dem Setzen über die Kohlpflanzen und nehmen Sie sie erst ab, wenn die Kopfbildung schon fortgeschritten ist.

Kohlfliege (Foto: Wikimedia.org/Aka)

Leckereien aus Kohl

Kohl ist einfach ideal. Die meisten Sorten können lange im Garten bleiben und nach Bedarf geerntet werden. Er lässt sich aber auch gut einlagern, tiefgefrieren oder verschiedentlich einmachen und ist außerdem sehr gesund. Sein Küchenrepertoire reicht von leichten Gerichten wie Salaten bis hin zu kräftigen deftigen Eintöpfen.

(Foto: fotolia.de/Fotovision)

Ernten, Lagern, Haltbarmachen

(Foto: fotolia.de/ Hallgerd)

Wer Kohl im eigenen Garten anbaut, sollte ihn am besten erst kurz vor dem Zubereiten ernten. Das gilt besonders für die Arten und Sorten im Sommeranbau. Ein angebrochener Kohlkopf lässt sich danach schon mal einige Tage im Kühlschrank aufbewahren.

Aber auch viele Winterkohlarten sollten so lange wie möglich als Pflanze auf dem Beet bleiben, wenn es nicht zu stark friert. Rosenkohl, Grünkohl und auch andere, besonders frostfeste Sorten kommen mit einigen Minusgraden zurecht und können bei stärkerem Frost eventuell sogar mit Vlies oder einem Folientunnel geschützt werden.

Wintersorten von Rotkohl und Weißkohl hingegen werden im späten Herbst geerntet und können an einem kühlen Ort mehrere Monate gelagert werden. Wenn Sie Weiß- und Rotkohl zu Hause den Winter über lagern möchten, dann sollten Sie einige Regeln beachten. Ziehen Sie die Kohlköpfe mitsamt dem Strunk aus der Erde heraus. Den Strunk können Sie am Kohl belassen, die Erde selbst müssen Sie nur grob entfernen.

Einfache Lagerung

Es gibt zwei Möglichkeiten der Lagerung. Entweder hängen Sie die Kohlköpfe auf. Dazu müssen Sie lediglich die großen Umblätter nach oben biegen und mit dem Strunk zusammenbinden. Durch diese Methode werden die Kohlköpfe am besten vor Pilzerkrankungen und Fäulnis geschützt.

Wenn Sie keinen Platz zum Aufhängen haben, können Sie die Kohlköpfe auch in luftige Holzkisten legen und diese mit Jutesäcken zudecken. Lassen Sie dazu unbedingt die Umblätter am Kohlkopf. So werden die jungen und zarten Blätter im Inneren am besten geschützt. Auf jeden Fall müssen Sie die Kohlköpfe regelmäßig kontrollieren und weiche oder faulende Exemplare aussortieren.

Bei Chinakohl und Pak Choi werden die äußeren Blätter entfernt, bevor man die Köpfe in feuchten Sand legt.

TIPP **Kohl sollte nicht zusammen mit Früchten gelagert werden, die noch nachreifen, zum Beispiel mit Äpfeln oder Tomaten; das ausgedünstete Ethylen beschleunigt den Verderb von Kohl.**

Eine gute Lösung: Einfrieren

Spätestens vor dem ersten starken Frost sollte auch Rosenkohl und Grünkohl geerntet werden. Je schneller das Gemüse nach der Ernte und dem Kochen dann eingefroren wird, desto mehr Vitamine bleiben erhalten. Der Kohl wird dazu geschnitten, kurz blanchiert (drei Minuten in kochendem Wasser) und abgeschreckt. Nach dem Abkühlen friert man ihn am besten portionsweise ein.

(Foto: pixelio.de/ R. Sturm)

Rezepte

Aus Weißkraut wird Sauerkraut

Dank seines hohen Vitamin-C-Gehalts ist Weißkohl besonders im Winter ein wichtiger Bestandteil der Ernährung. Darüber hinaus besitzt er Eiweiße, Fette, verwertbare Kohlenhydrate, Ballaststoffe, Natrium, Kalium, Kalzium, Phosphor, Eisen, Magnesium und die Vitamine B_1, B_2 und E. Besonders gesund und auch sehr lange haltbar ist Weißkraut in Form von Sauerkraut.

In großen Steinguttöpfen gelingt die Sauerkrautherstellung am besten. (Foto: fotolia.de/ K. Brooks)

Herstellung von Sauerkraut

Mit Sauerkraut kann man sich einen vitaminreichen Gemüsevorrat für den Winter anlegen, und die Herstellung ist eigentlich gar nicht schwierig. In einem Steingutbehälter hält sich das Kraut ein Jahr und länger.

Zutaten

- 5 kg Weißkraut
- 100 g Salz

Was noch benötigt wird:

- 1 Hobel
- 1 Sauerkrauttopf
- 1 Sauerkrautstampfer
- 1 Messer
- 1 sauberes Tuch
- 1 schwerer Stein

So wird's gemacht:

Für die Sauerkrautherstellung ist frisches festes Weißkraut am besten geeignet. Nach dem Entfernen der äußeren Blätter wird das Kraut fein gehobelt.

Anschließend wird das gehobelte Kraut in einem Steintopf abwechselnd mit Salz geschichtet. Jede Schicht des Sauerkrauts muss so lange „gestampft" werden, bis die austretende Flüssigkeit das Weißkraut überdeckt. Dann kann die nächste Weißkohlschicht mit Salz aufgetragen werden. Je nach Geschmack können zu jeder Schicht weitere Zutaten zum Sauerkraut gegeben werden, zum Beispiel Kümmel oder Wacholderbeeren.

Nachdem das Weißkraut geschichtet und gestampft ist, wird der Steintopf mit einem sauberen Tuch bedeckt, mit einem Stein beschwert und an einem kühlen Ort gelagert. Etwa einmal pro Woche sollte das Tuch gewechselt werden. Nach ca. vier bis sechs Wochen ist die Gärung abgeschlossen und das Sauerkraut fertig zum Verzehr.

Sauerkraut auf fränkische Art

Zutaten für 4 Personen

- 1 kg Sauerkraut
- etwas Wasser
- Gewürze (Kümmel, Lorbeerblätter, Wacholderbeeren, eine Prise Zucker)
- 100 g angebratener Speck
- 2 klein geschnittene Zwiebeln
- 3 rohe Kartoffeln
- eventuell etwas Mehl

Zubereitung

Das Sauerkraut zusammen mit den Gewürzen und etwas Wasser in einen Topf geben und dünsten, bis es weich ist, je nach Menge und gewünschter Konsistenz etwa 1 Stunde. Bei Bedarf etwas Flüssigkeit nachgießen. Zwischendurch den angebratenen Speck und die klein geschnittenen Zwiebeln dazugeben.

Eine oder zwei rohe Kartoffeln in das fertige Kraut reiben. Die Flüssigkeit mit etwas Mehl abbinden. Das Sauerkraut noch mal kurz aufkochen und servieren.

Rheinische Suurkappeszopp

(Sauerkrautsuppe)

Das Rezept wurde früher je nach Saison mit frischem gesalzenem oder Räucherspeck gekocht.

Zutaten für 4 Personen

- 750 g mehlig kochende Kartoffeln
- 25 g Fett
- 400 g Speck in Scheiben
- 750 g Sauerkraut
- 2 große Zwiebeln
- 25 g Schweineschmalz

Zubereitung

Kartoffeln schälen und in grobe Würfel schneiden. Fett in einem Kessel schmelzen, Speck von beiden Seiten anbräunen, herausnehmen. Sauerkraut zum Fett geben, knapp mit Wasser bedecken, Kartoffeln über dem Sauerkraut verteilen, leicht salzen und mit den Speckscheiben bedecken. Mit geschlossenem Deckel etwa 15 Minuten kochen und weitere 5–10 Minuten bei geöffnetem Deckel garen, bis das Wasser fast vollständig verdampft ist, danach alles grob zerstampfen. Zwiebeln im Schweineschmalz in einer Pfanne goldgelb braten und die Suppe damit garnieren.

Sauerkrautgulasch

Zutaten für 4 Personen

- 100 g gewürfelten Speck
- 400 g Gulasch vom Schwein
- 400 g Gulasch vom Rind
- Salz, Pfeffer
- Paprikapulver
- 4 klein gewürfelte Zwiebeln
- 600 g Sauerkraut
- 1 kl. Dose Tomatenmark
- 1,5 l Fleischbrühe
- 1 Lorbeerblatt

Zubereitung

Den Speck ausbraten und aus der Pfanne nehmen. Im Speckfett portionsweise das Gulasch anbraten, mit Salz, Pfeffer und Paprikapulver würzen und in einen Topf füllen. Die Zwiebelwürfel und das Sauerkraut im Bratfett andünsten und zum Fleisch geben. Das Tomatenmark mit der Fleischbrühe verrühren und über das Gulasch gießen. Das Lorbeerblatt obendrauf legen und alles im geschlossenen Topf etwa 1,5 Stunden garen.

Sauerkraut auf westfälische Art

Zutaten für 4 Personen

- 100 g gewürfelter durchwachsener Speck
- 1 EL Schweineschmalz
- 1 große Zwiebel
- 0,5 l Gemüsebrühe

Sauerkraut auf westfälische Art
(Foto: fotolia.de/Quade)

Bratwurst mit Kraut
(Foto: fotolia.de/HLPhoto)

- 1 Lorbeerblatt
- 5 Wacholderbeeren
- 1 kg Sauerkraut
- Salz, Pfeffer
- 600 g Kasseler
- 1 große Kartoffel

Zubereitung

Den Speck in Schmalz kross braten, die gewürfelte Zwiebel darin braun anbraten. Mit der Brühe aufgießen und Lorbeerblatt und Wacholderbeeren dazugeben, ebenso Sauerkraut. Mit Salz und Pfeffer würzen und das Kraut gut 1,5 Stunden bei schwacher Hitze kochen. In den letzten 30 Minuten das Kasseler mitgaren. Kartoffel schälen, reiben, zum Sauerkraut geben und das Kraut noch mal kurz aufkochen lassen.

Am besten schmeckt das Sauerkraut, wenn man es am Vortag kocht und langsam wieder aufwärmt.

Rostbratwurst mit Schmandsauerkraut

Zutaten für 4 Personen

- 4 Thüringer Rostbratwürstchen
- 1 kg Sauerkraut
- 100 g Schmand

Zubereitung

Die Bratwürste in der Pfanne rundum anbraten. Das Sauerkraut erhitzen und beim Anrichten auf das heiße Sauerkraut je einen Esslöffel Schmand geben. Dazu gekochte Kartoffeln oder Kartoffelpüree reichen.

Aus dem Elsass: Chourcroute garnie

Zutaten für 4 Personen

- 1 Zwiebel
- 2 EL Gänseschmalz
- 1 kg rohes Sauerkraut
- 200 ml trockener Weißwein
- 1 säuerlicher Apfel
- 10 Wacholderbeeren
- 1 l Fleischbrühe
- 250 g durchwachsener Speck
- 2 cl Kirschwasser
- 3 Kasseler Koteletts oder Schweinerippchen
- 3 Würstchen
- Salz, Pfeffer

Zubereitung

Die Zwiebeln hacken und in dem Gänseschmalz anbraten. Das Sauerkraut dazugeben und 5 Minuten unter Rühren andünsten. Den Wein angießen und den Apfel in Scheiben mit oder ohne Schale sowie die Wacholderbeeren dazugeben. Die Fleischbrühe zugießen, sodass das Kraut knapp davon bedeckt ist. 1 Stunde bei mäßiger Hitze garen. Den Speck in den Topf geben, das Kirschwasser angießen und das Ganze 1 weitere Stunde köcheln lassen.

10–15 Minuten vor dem Servieren Koteletts und Würstchen auf dem Kraut erwärmen. Speck herausnehmen, in Streifen schneiden und wieder zugeben. Das Kraut mit Salz und Pfeffer abschmecken und alles auf einer Platte anrichten. Salzkartoffeln dazu reichen.

Klassische Kohlrouladen

Zutaten für 4 Personen

- 1 Brötchen
- 1 Kopf Weißkraut
- 1 Zwiebel
- 500 g gemischtes Hackfleisch
- 1 Ei
- Salz, Pfeffer und Paprika
- 5 EL Öl
- 200 ml Fleischbrühe
- etwas Mehl
- 100 g saure Sahne
- (Küchengarn)

Schon vor dem Garen ein Augenschmaus – klassische Kohlrouladen (Foto: fotolia.de/ST-fotograf)

Zubereitung

Wasser in einem großen Topf zum Kochen bringen. Brötchen in kaltem Wasser einweichen. Krautkopf von den äußeren Blättern befreien und den Strunk trichterförmig herausschneiden, ins kochende Wasser geben und 10 Minuten köcheln lassen, danach herausnehmen. Acht große Blätter für die Kohlrouladen ablösen, auf ein Küchenbrett legen und die dicken Mittelrippen flach abschneiden. Restlichen Kohl fein zerkleinern. Zwiebel schälen und fein würfeln. Eingeweichtes Brötchen gut ausdrücken, beides mit Hackfleisch, klein geschnittenem Kohl und dem Ei in eine Schüssel geben. Mit Salz, Pfeffer und Paprikapulver kräftig würzen und alles gründlich miteinander vermengen. Kohlblätter für die Kohlrouladen ausbreiten. Füllung in acht gleich große Portionen teilen und jeweils am Strunkansatz auf das Kohlblatt legen. Seitenränder einschlagen und Kohlrouladen aufrollen. Kohlrouladen mit Küchengarn umwickeln.

Öl in einem Schmortopf erhitzen. Kohlrouladen rundherum darin anbräunen. Brühe zufügen und die Kohlrouladen 35–40 Minuten bei geschlossenem Deckel schmoren lassen. Kohlrouladen dünn mit Mehl bestäuben, eventuell etwas Wasser zufügen und im Fond kurz weiterköcheln lassen. Saure Sahne unterrühren, Soße noch mal abschmecken und vor dem Servieren über die Kohlrouladen gießen. Salzkartoffeln oder Schupfnudeln dazu reichen.

Sauerkraut-Tarte

Zutaten für den Teig

- 100 g kalte Butter
- 200 g Mehl
- 1 Ei
- 1 TL Salz
- 1 kg Linsen (zum Blindbacken)

Zutaten für die Füllung

- 1 Bund Lauchzwiebeln
- 200 g Kasseler
- 200 g Kartoffeln
- 400 g Sauerkraut

- 1 EL Butter
- Salz, Pfeffer
- Bund Majoran
- 1 EL Kümmel
- 200 g Frischkäse
- 2 Eier

Zubereitung

Gewürfelte Butter mit Mehl, Ei, Salz und etwas Wasser zu einem Teig verkneten. Teig in Folie wickeln und 30 Minuten kalt stellen.

Den Teig 4 cm größer als die Backform ausrollen, in die Form legen, dabei einen kleinen Rand formen. Teig mehrmals mit einer Gabel einstechen, mit Backpapier bedecken, Linsen darauf verteilen.

Den Boden im vorgeheizten Ofen bei 200 Grad Umluft etwa 15 Minuten vorbacken. Herausnehmen, etwas abkühlen lassen, Linsen und Backpapier entfernen.

Während des Backens Lauchzwiebeln putzen und in Ringe schneiden, Fleisch fein würfeln, Kartoffeln schälen und grob raspeln. Alles mit dem Sauerkraut in der Butter etwa 10 Minuten schmoren, mit Salz, Pfeffer, gehacktem Majoran und Kümmel abschmecken. Frischkäse und Eier glatt rühren, nochmals mit Salz und Pfeffer würzen.

Die Füllung auf dem vorgebackenen Teig verteilen, die Frischkäsemasse darübergeben. Die Tarte im vorgeheizten Ofen bei Umluft 200 Grad 30 Minuten backen.

Kraut-Möhren-Salat

Zutaten für 4 Personen

- 500 g Weißkraut
- 100 g saure Sahne
- 100 g Mayonnaise
- 1 TL Honig
- Salz, Pfeffer
- Saft einer Zitrone
- 4 Möhren
- frische Kräuter (z. B. Petersilie, Kerbel)

Zubereitung

Weißkraut in feine Streifen hobeln und mit Salz kräftig vermengen. Mindestens 2 Stunden mit Frischhaltefolie bedeckt und mit einem schweren Stein o. Ä. beschwert in einer Schüssel stehen lassen.

Saure Sahne, Mayonnaise und Honig gut vermischen, mit Salz, Pfeffer und Zitrone abschmecken. Die Möhren reiben und dazugeben. Alles in einer Schüssel mischen, mit viel frischen Kräutern garnieren.

Sauerkraut-Tarte (Foto: fotolia.de/Komar.maria)

Kraut-Möhren-Salat (Foto: fotolia.de/sil007)

Rotkraut (Rotkohl)

Rotkraut lässt sich nicht wie Sauerkraut einlegen und auf diese Weise haltbar machen. Um aber bei Bedarf schnell Rotkraut zur Hand zu haben, kann man es in Gläser einkochen.

Zutaten

- 4 Köpfe Rotkraut
- 10 mittelgroße oder 15 kleine Äpfel
- 250 g gewürfelten Speck
- 10 Gewürznelken
- 10 Lorbeerblätter
- Salz
- 0,25 l Rotwein
- 0,25 l Apfelsaft

So wird's gemacht:

Das Rotkraut klein schneiden oder hobeln, Äpfel schälen, entkernen und vierteln. Den Speck würfeln und im Topf auslassen, das Kraut und die Äpfel zufügen und gründlich vermischen. Das Ganze kräftig anbraten.

TIPP **Sie können die Gläser auch auf ein tiefes, mit Wasser befülltes Backblech stellen und bei 90 °C Umluft im Backofen sterilisieren. Zur Verwendung wird das Rotkraut kurz erhitzt, kochen ist nicht mehr nötig.**

Sauerbraten mit Rotkraut
(Foto: pixelio.de/M. Kessler)

Gewürze, Rotwein und Apfelsaft zugeben und alles kochen, bis der Rotkohl weich wird. Danach in Einkochgläser füllen und diese verschließen. Die Gläser in den Einkochapparat stellen und etwa 1 Stunde bei 95 °C einkochen.

Sauerbraten an Apfelrotkraut und Salzkartoffeln

Zutaten für 4 Personen

- 1 kg Rindfleisch aus der Keule
- 50 g Schmalz
- 100 g Sellerie
- 2 Karotten
- 150 g Silberzwiebeln

Für die Beize:

- 1 l Wasser
- 300 ml Essig
- 1 Lorbeerblatt
- 2 Zwiebeln
- 6 Pfefferkörner

Zubereitung

Die Zutaten für die Beize aufkochen und abkühlen lassen. Rindfleisch in die Beize geben und 3 Tage kalt stellen. Fleisch würzen und im heißen Schmalz braun braten. Mit dem Wurzelgemüse und 1 Drittel der Beize 2–2,5 Stunden schmoren. Für die Soße Silberzwiebeln, Karotten und Sellerie pürieren oder durch ein Sieb passieren. Den Sauerbraten mit Apfelrotkohl und geschwenkten Petersilienkartoffeln servieren.

Grünkohl

Grünkohl mit Pinkel,
eine norddeutsche Spezialität

Zutaten für 4 Personen

- 1,5 kg frischer Grünkohl
- 2 EL Gänseschmalz
- 2 gewürfelte Zwiebeln
- 0,5 l Wasser
- 125 g durchwachsener Speck in Streifen
- 300 g Kasseler

Grünkohl mit Pinkel (Foto: fotolia.de/C. Steiner)

- 4 Bremer Pinkelwürstchen
- 50 g Hafergrütze oder -flocken
- Salz
- Pfeffer aus der Mühle
- Senf
- 1 EL Zucker

Zubereitung
Grünkohlblätter in leicht gesalzenem Wasser 10 Minuten kochen, abtropfen und grob hacken. Gänseschmalz in einem Bräter erhitzen, Zwiebeln und Grünkohl darin andünsten. Alles salzen und mit dem Wasser angießen. Speck und Kasseler dazugeben und alles zugedeckt bei milder Hitze etwa 1 Stunde köcheln. 30 Minuten vor Ende der Garzeit die Pinkelwürste dazugeben und bei geringer Hitze weitergaren lassen. Kasseler und Würstchen herausnehmen und warm stellen. Die Grütze zum Grünkohl geben und 20 Minuten quellen lassen. Mit Salz, Pfeffer, Senf und Zucker abschmecken. Auf Tellern anrichten, mit Fleisch und Würstchen servieren. Dazu passen Salz- oder Bratkartoffeln.

Thüringer Wirsingroulade
(Foto: fotolia.de/ST-fotograf)

Kohl (Wirsing)

Thüringer Wirsingroulade

Zutaten für 4 Personen
- 1 Wirsing
- 500 g gemischtes Hackfleisch
- 1 eingeweichtes altes Brötchen
- 1 gewürfelte Zwiebel
- 1 Ei
- Salz, Pfeffer
- Paprikapulver, edelsüß
- Kräutergewürz
- 1 Bund Petersilie
- 1 TL Senf
- 150 g Frühstücksspeck
- 20 g Margarine
- 0,5 l Fleischbrühe

Zubereitung
Den Wirsing putzen, waschen und im Ganzen in Salzwasser 10 Minuten vorkochen. Aus dem Wasser nehmen und 16 große Blätter ablösen. Je zwei Blätter für eine Roulade zusammenlegen. Das Hackfleisch mit dem aufgeweichten und ausgedrückten Brötchen, den Zwiebelwürfeln, dem Ei, Salz, Pfeffer, Paprika, Kräutergewürz, gehackter Petersilie und Senf mischen. Den Teig auf die Kohlblätter verteilen und acht Rollen formen. Mit Speckstreifen umwickeln und mit Holzstäbchen zusammenstecken.

Die Rouladen leicht anbraten, Brühe zugießen und bei kleiner Hitze 30 Minuten zugedeckt schmoren. Dazu passen Salzkartoffeln, Klöße oder warmer Kartoffelsalat.

Geschmorter Wirsing

Zutaten für 4 Personen

- 1 großer Wirsing
- 150 g gewürfelter Schinken
- 2 gewürfelte Zwiebeln
- 3 EL Mehl
- etwas Wasser
- 200 ml Hühner- oder Gemüsebrühe
- Salz, Pfeffer
- Würzmittel, z. B. Maggi

Zubereitung

Wirsing vom Strunk befreien und in dünne Streifen schneiden. Schinkenwürfel in einem großen Topf anbraten, die gewürfelten Zwiebeln dazugeben und glasig dünsten. Die Wirsingstreifen dazugeben, mit Brühe angießen und gar dünsten. Mehl mit etwas Wasser verrühren und hinzufügen. Mit Salz, Pfeffer und Würzmittel abschmecken.

Geschmorter Sahnewirsing mit geschnetzelter Pute

Zutaten für 4 Personen

- 500 g Putenbrust
- 1 Wirsing
- 2 EL Puderzucker
- Butter
- 2 klein gewürfelte Zwiebeln
- 3 geraspelte Möhren
- 0,3 l Hühnerbrühe
- 2 EL Meerrettich
- 4 EL Crème double
- 4 EL geschlagene Sahne
- 1 Bund gehackte Petersilie
- Salz, Pfeffer, Muskat

Zubereitung

Die Putenbrust anbraten und im Backofen garen. Unterdessen die äußeren Wirsingblätter entfernen und den Strunk herausschneiden, die Blätter in feine Streifen schneiden. Den Puderzucker in einer großen Pfanne oder einem Bräter mit der Butter erhitzen, bis alles karamellisiert, dann die

Geschmorter Sahnewirsing mit Pute
(Foto: fotolia.de/sil007)

Zwiebeln zugeben und erhitzen, bis sie glasig werden. Anschließend die Möhren und den Kohl zugeben und kurz schmoren lassen. Die Hühnerbrühe zufügen. Ohne Deckel so lange köcheln lassen, bis die Brühe fast verkocht ist. Meerrettich, die Crème double, Sahne und die Petersilie unterrühren und alles mit Salz und Pfeffer abschmecken.

Die fertig gegarte Putenbrust in mundgerechte Stücke schneiden, mit Salz und Pfeffer würzen und mit dem Wirsinggemüse vermischen.

Kohlsprossen (Rosenkohl)

Kohlsprossen-Kartoffel-Suppe

Zutaten für 4 Personen

- 500 g Kohlsprossen
- 500 g Kartoffeln
- 1 große Zwiebel
- 1 l Gemüsebrühe
- 100 g Dörrfleisch in Scheiben
- 4 EL saure Sahne
- Salz, Pfeffer, Muskat

Zubereitung

Die Kohlsprossen putzen und halbieren oder vierteln. Die Zwiebel schälen und fein würfeln. Kartoffeln ebenfalls schälen, waschen und würfeln. Die Zwiebeln in etwas Öl glasig dünsten, die Kartoffelwürfel und den Rosenkohl hinzufügen. Mit der Gemüsebrühe aufgießen und so lange dünsten, bis das Gemüse weich ist.

Die Dörrfleischscheiben in feine Streifen schneiden, in einer Pfanne knusprig anbraten und zur Seite stellen. Das Gemüse mit einem Mixer pürieren und mit Salz, Pfeffer und Muskat abschmecken.

Die Suppe mit saurer Sahne und Dörrfleisch servieren.

Rosenkohl-Käse-Gratin

Zutaten für 4 Personen

- 700 g Rosenkohl
- 300 g Möhren
- 2 Tomaten
- 2 EL Sonnenblumenöl
- 2 gehackte Zwiebeln
- 2 EL Mehl
- 200 ml Milch
- 150 ml Wasser
- Salz, Pfeffer, Muskat
- 125 g würzigen Käse, z. B. Raclette

Zubereitung

Den Backofen auf 200 Grad vorheizen. Rosenkohl und Möhren putzen, Möhren in Scheiben schneiden. Tomaten waschen und in Würfel schneiden. Ein Esslöffel Öl in einem Topf erhitzen, die Möhren darin 5 Minuten dünsten, den Rosenkohl hinzufügen und kurz mitdünsten, die Tomaten zum Schluss untermischen.

Zwiebeln in Öl anbraten, Mehl hinzugeben und anschwitzen. Mit Milch ablöschen, Wasser dazugeben, aufkochen lassen, abschmecken. 2 Drittel der Gemüsemischung in eine Gratinform geben, dann die Soße hinzufügen und das übrige Gemüse darüber verteilen. Käse in Scheiben schneiden und auf das Gratin legen, mit Salz und Pfeffer würzen und im Backofen 30 Minuten backen.

Karfiol (Blumenkohl)

Frittierter Karfiol

Zutaten für 4 Personen

- 1 Karfiol
- Salz, Pfeffer

Zum Panieren:

- 6 EL Mehl
- 2 Eier
- etwas kalte Milch
- Salz, Pfeffer
- 125 g Semmelbrösel oder Paniermehl
- 80 ml Öl

Zubereitung

Vom Karfiol die grünen Blätter entfernen, den unteren Strunk etwas abschneiden, in kaltem Wasser waschen und abtropfen lassen. In einem großen Topf in Salzwasser bissfest kochen. Den noch gut warmen Blumenkohl mit Salz und Pfeffer bestreuen und fast ganz auskühlen lassen.

Für die Panade in je einen tiefen Teller Mehl, Eier, mit etwas kalter Milch und Salz vermischt, Semmelbrösel geben. Den fast erkalteten Blumenkohl in größere Röschen teilen. Jedes Röschen zuerst in Mehl, anschließend im Ei und zuletzt in den Semmelbröseln wälzen und auf eine Lage Küchenkrepp legen. In einer großen Pfanne etwa 1 Drittel vom Öl erhitzen, die panierten Blumenkohlstücke nacheinander bei mittlerer Hitze unter mehrmaligem Wenden goldbraun ausbacken.

Frittierter Blumenkohl (Foto: fotolia.de/ Rawlik)

Blumenkohl vom Blech

Zutaten für 4 Personen

- 1 Blumenkohl
- 200 g mageren gekochten Schinken
- 2 Becher Schlagobers oder Vollmilchjoghurt
- etwas Mehl
- 2 Eier
- Salz, Pfeffer, Muskat
- 100 g geriebener Emmentaler
- 500 g Tomaten, in Scheiben

Zubereitung

Blumenkohl putzen, waschen, in Röschen teilen und kurz in sprudelndem Salzwasser bissfest kochen. Den Schinken in kleine Streifen schneiden. Die Blumenkohlröschen auf ein tiefes, gefettetes Backblech legen und mit dem Schinken mischen. Schlagobers mit Mehl und Eiern verrühren, mit Salz, Pfeffer und Muskat würzen und alles über den Blumenkohl geben. Käse und Tomaten gleichmäßig darüber verteilen und 20 Minuten überbacken, bis der Käse zerlaufen ist.

Brokkoli

Brokkolicremesuppe

Zutaten für 4 Personen

- 3 Kartoffeln
- 1 l Gemüsebrühe
- 750 g Brokkoli
- 150 ml Schlagobers
- 150 g Crème fraîche
- Salz, Pfeffer
- Paprikapulver

Zubereitung

Die Kartoffeln schälen, in Würfel schneiden und in der Brühe kochen. Den Brokkoli putzen, in Röschen schneiden und dazugeben, wenn die Kartoffeln weich sind. 5 Minuten kochen und danach alles zusammen pürieren, bis zur gewünschten Konsistenz. Schlagobers und Crème fraîche unterheben.

Brokkolicremesuppe (Foto: fotolia.de/Dusk)

Chinakohl

Buntes Chinakohlgemüse

Zutaten für 4 Personen

- 1 Chinakohl
- 4–5 EL Öl
- 250 g geschnittene Zwiebeln
- 1 Knoblauchzehe
- 250 g gewürfelte Äpfel
- 2 rote gewürfelte Paprikaschoten
- Salz, Pfeffer
- etwas Gemüsebrühe
- 2–3 EL Sonnenblumenkerne oder Sesam
- 1 EL Zitronensaft

Zubereitung

Chinakohl waschen, abtropfen lassen und in Streifen schneiden. Öl in einem flachen Topf erhitzen, Zwiebeln anbräunen, den Knoblauch und den Kohl hinzugeben und bei mittlerer Hitze 3 Minuten anbraten. Äpfel und Paprika untermischen, würzen. Im offenen Topf knapp 10 Minuten dünsten und nach und nach Gemüsebrühe dazugeben. Unterdessen die Sonnenblumenkerne oder den Sesam in einer Pfanne ohne Fett anrösten. Den Zitronensaft und die gerösteten Kerne unter das Gemüse mischen und servieren.

Nützliche Adressen

Züchter, Vermehrer und Händler

Austrosaat, Oberlaaerstr. 279, A-1232 Wien, www.austrosaat.at

Bingenheimer Saatgut AG, Kronstr. 24–26, D-61209 Echtzell-Bingenheim, www.bingenheimersaatgut.de

Bio-Saatgut Gaby Krautkrämer, Eulengasse 2, D-55288 Armsheim, www.bio-saatgut.de

Botanik Sämereien, Aemtlerstr. 74, CH-8003 Zürich, www.saemereien.ch

N. L. Chrestensen, Erfurter Samen- und Pflanzenzucht, Witterdaer Weg 6, D-99092 Erfurt, www.chrestensen.de

Dreschflegel GbR, In der Aue 1, D-37213 Witzenhausen, www.dreschflegel-saatgut.de

Dürr Samen Stephan Schwenk, Bayernstr. 24, D-72768 Reutlingen, www.duerr-samen.de

Florakom Jürgen Peters, Heinrichstr. 3, 46284 D-Dorsten, www.florakom.de

Gartenland Aschersleben, Heinz-Bäcker-Str. 38, D-45356 Essen, www.gartenland.com

Hild Samen GmbH, Kirchenweinbergstr. 115, D-71672 Marbach, www.hildsamen.de

Italienische Samen, Kurt Stochay, Kuenstr. 41, D-50733 Köln, www.italienische-samen.de

Kiepenkerl Nebelung, Im Weidborken 12, D-57629 Norken, www.nebelung.de

Mr. Fothergill's über Samentraum Gassmann, Alter Pfarrhof, Friedhofstr. 5, D-27321 Wulmstorf, www.samentraum.de

Samen Frese, Kreuzstr. 15, D-49124 Georgsmarienhütte, www.samen-frese.de

Suttons Seeds, Suttons, Woodview Road, Paignton, Devon TQ4 7NG, GB, www.suttons.co.uk

Vereine, Verbände, Beratungsdienste

Arche Noah, Gesellschaft für die Erhaltung der Nutzpflanzenvielfalt, Obere Str. 40, A-3553 Schiltern, www.arche-noah.at

Gartenakademien in Deutschland, www.gartenakademien.de

Aktion „Natur im Garten", www.naturimgarten.at

Pro Specie Rara, Pfrundweg 14, CH-5000 Aarau, www.prospecierara.ch

Slow Food Österreich, www.slowfoodaustria.at

Slow Food Deutschland e. V. Luisenstr. 45, D-10117 Berlin, www.slowfood.de

VEN, Verein zur Erhaltung der Nutzpflanzenvielfalt e. V., Uhlandstr. 57, D-45468 Mühlheim/Ruhr, www.nutzpflanzenvielfalt.de

Register

Coverfoto
Katharina Adams

IMPRESSUM

avBUCH im Cadmos Verlag

Gestaltung und Satz: Hantsch & Jesch
PrePress Services OG, 1230 Wien
Umschlag: Ravenstein und Partner, Verden
Lektorat: Christine Weidenweber, Weibersbrunn

Druck: Westermann Druck, Zwickau

Deutsche Nationalbibliothek – CIP-Einheitsaufnahme
Die Deutsche Nationalbibliothek verzeichnet diese Publikation in der Deutschen Nationalbibliografie; detaillierte bibliografische Daten sind im Internet über http://dnb.ddb.de abrufbar.

Printed in Germany

ISBN: 978-3-8404-8103-1